一 煜晴

U0050722

催眠師的
靈異 手記

從催眠、心理學到靈異經歷的真實個案

前言

奇異女孩走上催眠師之路

靈異體質的我似乎自小就注定有點奇異，奇異地令大人們對我有過高的錯誤期望；現實落差奇異地大得令老師們冷待我；經常提出奇異問題的我，卻奇異地發現沒有一個師長能給我答案，而奇異的異度空間彷彿注定與我形影不離……結果，我自小便成為學校裡最奇異的一個，一個注定在一所傳統修女學校被霸凌得不足為奇的一個女校學生。

自小便喜歡探究身邊的一事一物，卻不愛上學唸書，因為覺得學校教的東西很無聊。三歲都未懂得開口說話，又甚少哭啼的我，甚至被大人們以為我是痴呆兒童。

小學一年級，我便問父母和老師：「究竟有『我』先？還是有『你』先？」「應該是感到自己的存在先？還是感到有他人的存在先才知道有『我』？」大人們的回應，都是覺得我痴、傻、怪。後來，我才發現這個根本就是心理學範疇的問題。

小學二年級，我便發覺時間的奇異，可以功課完全不做，呆望時鐘一個多小時，小二的我便確信——你的一秒鐘不等如我的一秒鐘，覺得時間其實就像橡筋般，可以拉長縮短，我很興奮地問當時的科學老師：「何謂一秒鐘？」「是何人發明時間？」「時間真的是永遠不變嗎？」……換來的答覆只是：「書又不見你念好，有時間就寫好你的功課、背好課文內容吧！」後來，長大後才發覺這其實是量子物理學的問題。

從小，成長中遇到不少靈異經歷的我一直都想從多方面探索自己，於是糊裡糊塗，又或者是因緣際會，讓我遇上了心理學與催眠。

作為一個催眠師和心理治療師，令我明白可以更科學、更理性和系統地去探索自己，亦令我感到天地之大，無奇不有，科學解釋不到的，並不代表不存在；親眼所見，也並非真實。所以，我一直希望繼續以催眠師的身份去游走於心理學和靈異空間，希望能以正信、正念的角度讓讀者明白科學與靈異並無衝突，甚至可能互為倚存；冥冥中的定律與人生價值亦絕不只限於二元對立，而是多元並存，不同維度的眾生互相尊重，才是這宇宙之道。

重要聲明

此書的故事大部份都是作者的親身經歷，其他都是作者身邊的師長親友的親身分享。本書的故事內容無意冒犯、中傷、抹黑或挑釁任何宗敎 / 學說 / 機構 / 組織 / 個體，也無意鼓吹迷信。作者只是本着寧可信其有，不可信其無的中肯態度，讓讀者明白和尊重「天下之大，無奇不有」，他們可以有自由意志選擇自己想相信的，但千萬不要迷。

本書故事純屬個人親身經歷，如有雷同，實屬不幸。

推薦序 1

以新穎角度看催眠

目前宇宙的年齡大約是140 億歲，人卻連140 歲也未能達到，如何用100 歲的人生，去理解140 億歲的宇宙？恐怕很多事情我們也解釋不到，只能心領神會。正所謂天下之大，無奇不有，超越我們認知範圍的事物實在數之不盡。

作為一個註冊商業心理學家及催眠師，我曾接觸不少光怪陸離的人和事，如：聲稱可看到宇宙之外的人、能預示未來的人、能回到幾萬年前世的人。常言：「一念一天堂，一念一地獄。」天堂與地獄，而很多時精神問題、心理問題或是宗教與民間信仰上的超科學問題也可能只是一線之差。

很高興此書作者煜晴，以她接觸高靈的直覺及感受，無私地分享她從小到大的靈異經歷，細說她由恐懼眾生，到現在無懼、敬佩眾生的心路歷程。她更以催眠師的身份，以新穎的角度用心理學的知

識去嘗試爲大家剖析她的靈異世界，並中立地帶出她寫此書的目的——「希望各位不要過份迷信的同時，能尊重宇宙之大，無奇不有的信念」。

文心
中國催眠醫學史博士研究生
英國ABP註冊商業心理學家
法律學士
香港註冊社工
美國IMDHA國際醫學及牙醫學催眠協會導師

推薦序 2

數不盡又迷離的親身經歷

每年每月也有很多來自世界各方的網友主動向我提供不同的靈異故事，但當中有一位與眾不同的聽眾吸引到我的注意，那位就是煜晴了。

某一天收到一個Whatsapp訊息，內容提及有很多靈異事件可跟我分享，我便回覆此訊息，當時跟煜晴是第一次的交談，我叫她隨便的說一說她的靈異事件給我聽，當時因為正忙於其他工作，所以真的只是想隨便聽聽便再安排，怎知只是聽了小部份的故事內容，便感到非常吸引。吸引到我的原因，是她的靈異經歷除了是親身經歷的真人真事外，而且也是非常迷離及驚心的，當時我二話不說便邀請她上到我的節目中作嘉賓，跟我的聽眾們分享她的迷離經歷。由於我的節目每集也需有特定主題的，可是我看了煜晴交給我的節目內容後，真的是定不到題目，原因是因為內容中有太多不同的經歷，幾經思量後，最後我便把主題定了為「數不盡又迷離的親身經歷」，更因為內容極為豐富，要分了兩集直播出街。這兩集出街

後，觀眾的反應非常熱烈，大家都讚煜晴的故事內容及她的表達故事的傳神之處，過程中令觀眾們有親身經歷的感覺。

看來煜晴的觀眾緣的確不錯，這可能跟她的多重身份有關，她是一位催眠師，同時也是一位心理治療師及色彩治療師，這樣的身份與人溝通的能力必定很高，人際關係也肯定很好，可能就是如此，煜晴便成為了我多年來邀請過的眾多嘉賓中，最為使我留下深刻印象的一位。

我誠意推介此書給大家，希望各位不容錯過當中的精彩內容！

YouTuber Bow哥 (鬼故黃)
YouTube頻道: Bow頻滿座

目錄

第二章
靈異催眠師的詭魅童年　　54

第一章：
當靈異催眠師遇上心理學

第一章
當靈異催眠師遇上心理學

檔案1：以畫驅鬼

我第一次正式接觸心理學，是念藝術治療的課程。當時我的教授是一位執業多年的臨床心理學家，他的其中一項服務就是爲客戶進行藝術治療，卽是在了解客戶/案主的需要後，度身訂造一個方案，要求案主按他的要求卽場畫一幅畫，以了解案主的情況並進行診斷與治療。有一天，教授在課堂上分享他的一個「以畫驅鬼」的眞人眞事。

話說有一天，一位焦慮的母親帶着一個五歲的小女孩來找教授求助。

「教授，請你幫幫我的女兒……」這位心急如焚的太太上氣不接下氣地拖着小女孩走進教授的辦公室。

「不知何解，自半年前開始，我女兒就一直說家中多了個阿姨，但我們全家人都看不到，已尋遍各門各派各宗教的師傅、大師、牧師，甚麼的，都好像幫不到女兒驅鬼，女兒日日在家裡都見到那個阿姨看着她，令她害怕得經常哭、不願自己睡……我們一家

都很擔心……」

「究竟我的女兒是真的撞鬼?還是精神有問題?」

於是,教授便安排小女孩獨自在他面前畫一幅畫。

教授要求小女孩畫出她平時在家的情況。

在小女孩稚嫩的筆觸下,畫紙上很快便呈現一個客廳,客廳左邊有一張餐桌,前面有一部電視機,右邊是廚房,然後有一張梳化。(見示意圖)

經小女孩的描述,廳內有幾個人:爸爸在梳化看報紙,媽媽在打掃,而自己坐在餐桌做功課,但,還有那個——「隱形的阿姨」,當小女孩提到那位阿姨都表現得很害怕。

於是,教授便針對那個阿姨問小女孩:
「那個阿姨是甚麼顏色?」
「她穿甚麼樣的衣服?」

「她穿甚麼鞋?」

「她的頭髮是怎樣的?」

「她的樣子是怎樣的?」

「她看着你的表情是怎樣的?」……

　　教授盡量幫助小女孩更繪形繪聲地描述那位「隱形阿姨」,並要求她把細節都描繪在畫紙上,最後要求小女孩想辦法在畫紙上「毀滅」那位阿姨。

　　治療大概進行了四次,每次教授都要小女孩逐步把「隱形呀姨」更細緻地在畫中描繪,包括那位阿姨的外形、神情和行為,然後叫小女孩選擇用任何畫具 / 工具把畫中的「隱形阿姨」消滅,有時小朋友用橡皮擦把那位隱形阿姨擦掉、有時則用鉛筆/其他顏色筆直接把那位阿姨打叉或糊掉,第四次治療後,小女孩已再沒有見到隱形阿姨了,她相信那位「隱形阿姨」已被她「毀滅」。就這樣,教授成功以畫「驅鬼」了。

　　其實這小女孩並沒有說謊,在她的視覺,她的世界,她的意識中,她的確是見到這樣的一位「隱形阿姨」,她真的感到驚恐和困擾

的，但現實的她其實沒有眞的「撞鬼」，究竟何解呢？

心理小知識

究竟這位小女孩爲何會「見鬼」？

相傳小孩容易見鬼，其實是可用科學解釋得到的，這與腦電波有關。

人類腦電波主要以頻率來劃分爲四大類：β電波、α電波、θ電波及δ電波。一般成人於日常生活時發出β電波，而當成人入睡、造夢時或七歲前的小孩就會出現α電波。

研究發現，α電波跟靈感和直覺發揮的狀態有關，這個狀態是靈體和人類最易對上的頻率，因此這亦被理解爲小朋友特別容易看到靈體的原因之一。

而案中的孩子究竟是否眞的見到鬼？我就不在此評述。但從心理學和精神科學角度來看，見鬼中邪是有原因的。

根據著名心理學和精神科學權威黃國勝醫生，「見鬼」很多時是跟人格面具所造成的錯覺與幻覺有關的。

何爲人格面具?

人格面具(英語:persona)是瑞士心理學家卡爾·榮格提出的概念,榮格將一個人的人格比喻爲面具。

人爲了生存,會很自然在不同的社交場合中以不同的形象示人,也就是在不同的場境中戴上不同的面具,如在公司裡與上司同事相處時會戴一個面具;回家與父母相處時又戴上另一個面具;與朋友相處時又換上一個面具。

因此每個人通常都不只有一個面具,即不止一種人格,而人格就是所有面具的總和。

人格面具與錯覺和幻覺的關係

黃國勝認爲錯覺和幻覺的產生是因爲面具的能量太大(見24頁「幻覺與錯覺比較表」),而能量太大主要有兩種原因:

一是面具用得太多,形成習慣。例如,在醫生的眼裡,所有人都是病人;在老師眼裡,自己的學生都比自己見識得少。

二是面具長期受到壓抑,能量不斷積聚。面具之所以長期受到壓抑,是因爲當事人不接納它,不認可它。

幻覺其實是壓抑的延伸？

感覺和知覺是人腦對客觀事物的反應。如第24頁的比較表所述，「幻覺」是指在沒有客觀事物存在下，卻能聽或看到一些東西。這其實是由心而生的，是心理內容向外投射的結果。由於當事人往往不承認它是自己的心理內容而排斥、拒絕它。所以，幻覺其實是壓抑的延伸。

雖然在精神分析角度來說，「幻覺」屬於精神病症狀，是嚴重心理障礙的標誌，是一種嚴重歪曲事實，一種心理活動與客觀事物脫節的狀態。但是，並非所有幻覺的出現都代表有精神病。我們在極度疲勞或恐慌的情況下，也可能會出現幻覺，只是幻覺不那麼逼真，像造夢一樣而已。有的人在入睡和睡醒的過程中也會出現幻覺，這種情況也叫「夢樣狀態」。而在催眠裡的六級深度催眠中，亦會有負向幻覺（Negative hallucination）的出現，各位可翻閱本章的檔案3的「催眠的六級深度」。

鬼是壓抑的面具投射在生活場境的體現

黃國勝認為鬼是壓抑的面具投射[1] 到空氣中的結果。面具之

所以被壓抑,是因爲當事人覺得它不好,不認可它、排斥它。排斥主要從兩個面向體現出來:一是把它銷毀掉;二是自我躲避,而相應的情緒是憤怒和恐懼。

註1:「投射」是精神分析的術語,有廣義及狹義之分。狹義的投射只是指把自己不接納的東西外化;廣義的投射泛指各種外化,不管自己接納還是不接納。

　　但是,面具是銷毀不掉的。有時,我們以爲已經把它銷毀了,其實只是把它壓抑着。面具還在那裡,一不小心它又跑了出來。一但明白它是銷毀不掉的,也就只能躲避了。所以,絕大多數人「見鬼」都會採取逃避的方式,並且感到恐懼。

　　從超自然的角度看,鬼在幾千年來被劃分爲不同種類,如餓鬼、攝青鬼、水鬼……等等。但從人格面具的角度看,「鬼」就只有兩種:一種是「迫害鬼」,一種是「受害鬼」。

　　傷害過我們的人就是迫害者,內化之後形成「迫害者面具」。因爲我們排斥,所以我們都會壓抑它。它可能會在夢中出現,如果在清醒的時候出現,就會被當成「鬼」。至於什麼是傷害,對每個人來說都不一樣的。對於某些人來說,嚴厲的父

母、老師、老闆、客戶，可怕的動物，自然災害，甚至是某些傢俱，都是迫害者，或是懲罰者。

　　而被我們傷害過的人也很容易被內化，形成「受害者面具」。這樣的面具肯定會對我們有怨恨，因而伺機報復。正所謂做了壞事的人，會受到良心責備，或終日惶恐不安，這就是心理上，我們做了傷害別人的事後，來令我們感到不安的「受害鬼」。

如何以畫「驅鬼」？

　　案中的教授輔導小女孩的關鍵是要讓小女孩有多細緻得多細緻去描述她見到的「隱形阿姨」是怎麼樣的，這有助小女孩把她所恐懼的事物具體化，讓她好好面對這位阿姨，面對自己的恐懼，在畫畫中和這位阿姨連結起來。而最後教授要求小女孩用自己的方法去「消滅」那位「隱形阿姨」，並任由小女孩用她的方法，如用橡皮擦擦掉或用不同的筆塗鴉般塗掉那位「隱形阿姨」去讓小女孩親自克服自己心底深處的恐懼投射。從此，小女孩也沒有再見到那位「隱形阿姨」了。

　　至於為何小女孩會見到這位「隱形阿姨」，教授留意到，原來那位「隱形阿姨」只出現在家中，並不會出現在小女孩的學校

或其他生活場境裡，有可能她在家中或與家人相處時受到壓力
和恐懼等心理創傷而致。

參考資料：

https：//m.sina.com.hk/news/article/20201215/0/5/2/%E5%A4%A7%E8%85
%A6%E7%82%BA%E4%BB%80%E9%BA%BC%E9%A1%98%E6%84%8F%E7
%9B%B8%E4%BF%A1%E6%9C%89%E9%AC%BC-12520999.html

https：//www.storm.mg/lifestyle/3088795?mode=whole

	定義	刺激來源	性質	傾向	影響	功能	類別	例子
幻覺	沒有相應的客體刺激時所出現的知覺經驗。	主觀、虛無	主體的感受與知覺相似	隨變	消極	精神診斷的重要指標之一，是一種比較嚴重的知覺障礙。		幻肢痛，有些截肢患者在截肢後依然會感受到自己已經失去的肢體的疼痛，並目如自己的肢體到能夠如常運用幻肢。
錯覺	錯覺是對客觀事物的一種不正確的、歪曲的知覺。	客體刺激物	多來自於知覺層面的加工而非意識層面的加工。	固定傾向	積極/消極	錯覺一般是與先天俱有的，取向的進化理特性造造成的。 錯覺本身沒有好壞之分。	1)垂直-水平錯覺 2)多爾波錯覺 3)潘佐錯覺 4)波根多夫錯覺 5)馮特錯覺 6)繆爾拉錯覺 7)艾賓浩斯錯覺	委因斯坦錯覺：正方形的四邊在許多個環形曲線中眼睛彎曲 (見下圖)

資料來源：

檔案2：邪病的小孩

我曾有一個客戶，他是一個富商，事業家庭美滿，有財有勢的他原來有一個煩惱，就是他的女兒經常無故發燒，每個月都要入醫院，幾乎沒有一天不用吃藥的。

「去年開始，我女兒就開始頻繁地病，但她的兄弟姐妹卻非常健康。」這位富爸爸擔憂地說。

「真的不明白，大家都是在同一環境生活的，她的起居飲食，生活習慣都跟其他兄弟姐妹一模一樣，甚至特別請多一個菲傭照顧她，又額外煮補品和安排中醫和營養師幫她調理身體，但她的情況仍不見好轉，反而病得越來越頻密……」爸爸越講越心煩。

突然，爸爸靈機一觸，彷如發現新大陸一樣對我說：「我知嘞！一定是老人家講的那種犯煞！是邪病！煜晴，你有沒有相熟的師傅介紹呢？」爸爸着急了起來。

也許，當事情用理性的方法解決不到的時候，我們就會轉向非科學的角度尋求解脫。

「等等⋯⋯」我突然發現了一些蛛絲馬跡。

「你剛才講過你還有其他子女，請問你總共有多少個孩子？都是同一個媽媽生的嗎？而經常病的那個是排行第幾？其他子女的排行是怎樣的？家裡還有多少人？」我問。

原來富商一家八口，共有四個子女，夫妻一直恩愛，不是再婚，並和富商的父母一直都一起住，四位子女由當全職主婦的太太，祖父母和兩位菲傭一起照顧，而四位子女的排序如下：

大女兒 (十七歲)、二少爺 (九歲)、三小姐 (經常生病的六歲女兒)、小女兒 (剛滿一歲)。

當我知道這四兄妹的排序後，我便知道要怎樣做了。

於是，我便這樣吩咐這位富商爸爸：「既然四位孩子除了菲傭之外，就是和媽媽最多互動，那麼，請你叫太太由現在開始，每晚睡前都擁着你的三小姐，並用手輕輕按着女兒的肚臍部份，跟她說這幾句話：

『媽媽很愛你啊！

　你是媽媽心中的好女兒。

　媽媽其實真的很喜歡你！』之類的親子蜜語。

　　不如你試下請媽媽這樣做，要堅持每晚都要這樣做。至於找不找法科師傅，遲些再說，但無論怎樣都好，都要病向踐中醫，不需要太神怪。」

　　幾個月後，這位富商電聯我，很高興地跟我說他的女兒已健康了很多，不再無故發燒，不需要經常進出醫院了。我很替他高興，並問他的太太是否有堅持跟着我的建議去做。他便忍不住問我，為何自從她的太太開始跟從我的建議，每晚去跟三女兒這樣互動後，女兒好像身體漸漸好多了？他覺得女兒的好轉與我的建議有關，那麼……

　　究竟是甚麼幫到她女兒恢復健康呢？

　　關鍵在於：

　　三女兒開始頻繁患病時，剛好是小女兒出生不久，小女兒的出

生瞬間奪去家人從她身上的注意力。

　　四位子女的排序：

　　大女兒是這家庭的第一個孩子，曾經受盡矚目，亦可以用大姐的身份管教弟妹；

　　　　八年後二兒子出世，因為是這家庭中的第一個，亦是唯一一個男丁，受盡重男輕女的老人家們的溺愛和全家人的重視，相差八年的姐姐又對他溺愛萬分；

　　　三年後，三女兒出世

　　　　　五年後，小女兒出世，作為全家年紀最小的孩子，受盡關注，只得一歲的小女兒亦正處於最討大人喜歡的階段

　　從這個子女排序，不難看出三女兒在這家庭中所獲得的關注最少。亦因為這樣三女兒心靈深處感到被忽視，心情失落，但又不懂表達，更不懂如何重獲大人們的關注與寵愛，又無從發洩，久而久之，形成心病，反映於生理機制中。

　　一個六歲的小朋友病到那種經常發燒，頻繁入院的程度，絕到不是，亦不可能假裝出來去刻意尋求大人的關注的，這明顯是心理與生理健康的雙向反饋機制的影響。卽所謂的「心病還需心藥醫」。

　　要媽媽按着三女兒的肚臍去獨處和作出愛的剖白，是要讓三女兒重新感受家中大人的關注和重視。而選擇由媽媽去跟進，是因爲小女孩在這家庭中相對互動較多、較親的人是媽媽；要媽媽按着女兒的肚臍訴眞情，是因爲媽媽與兒女最親密的連結就是臍帶，按着女兒的肚臍，能重新加強連結母子之間舐犢情深的親子關係。再經過幾個月，每晚睡前這樣的親子溝通，女兒漸漸感受到被關注和愛，最後由心理正面影響生理，身體也逐漸少了病痛，健康起來。

心理小知識

生理與心理健康的互相作用與原理

　　其實，無論中、西醫學都有研究證明人的情緒會影響自己的健康。

　　西醫的角度來看，當我們感到沮喪、悲觀或冷漠狀態時，我們的身體機制會自動減低讓我們有興奮或快樂感的多巴胺和減少負責調節疼痛感的複合胺的分泌，這就是爲什麼有沮喪傾向的人之中，45%的人會有各種疼痛感的困擾。

　　臨床實驗證明，當憤怒、悲傷、憂傷、焦慮、恐懼等負面情緒壓抑在內心而得不到恰當的宣泄時，便對健康有害，甚至致病，中醫稱爲「七情致病」。

　　中醫角度認爲，「七情六欲」的「七情」跟我們的五臟健康密切相關，見如下：

　　肺主悲、憂，過悲過憂則傷肺；

　　心主喜，過喜則傷心；

　　肝主怒，過怒則傷肝，所以有人極忿怒時，左右兩側脅肋會有時隱隱作痛，這就是傷了肝的癥狀；

脾主思，過思則傷脾，壓力過大會脾虛；

腎主驚，過度驚嚇會影響腎功能。

良好的情緒可抗病

有研究表明，良好的情緒有助增強抵抗力、預防疾病，有助長壽。

美國俄亥俄州立大學的研究顯示，戀愛中的人一年內神經生長因子都處於高水平狀態，這一類激素物質會刺激新的腦細胞生長，有助於神經系統的恢復並增強記憶力。開懷大笑則有助減輕心理壓力，幫助保護血管內壁，減少心臟病發作的機率。而能痛快地哭一場也不失為一件好事，因為壓抑在心中的情緒能隨著我們在痛哭下所分泌出更多的激素和神經傳遞素，去除體內這些壓抑已久的負面化學成分。

中醫有一套理論叫「心主血藏神」，心臟主宰著五臟六腑的健康，協調整個生命體的活動。心情開朗，心氣充足，思維自然清晰積極，五臟六腑自然活動正常，身體自然健康。但，適當地哭也能幫助把悲傷排遣出來，以減輕負面情緒對我們五臟六腑的影響，有助保持身心健康。

　　有一項研究發現男人平均比女人短命幾年，以心理學角度分析的其中一個原因是因爲男人受社會對男人剛強形象的投射，較少作出哭泣之類的情緒渲洩，導致多數男性容易壓抑自己的負面情緒，而影響身心健康，繼而對壽命也有負面影響。

　　所以我們盡量保持心境開朗之同時，也不要看輕哭的好處啊！

檔案3：催眠裡的女人與前世催眠

我其實從小到大都有一個秘密，一個我從沒打算公開的秘密，因爲我深信一定會被不少人恥笑，甚至是可能我一生人都無法解決的一個笑話，但我選擇在我這本書公開出來，是因爲，我終於都找到了解決辦法了，所以希望能分享這個親身體驗，幫到跟我有類似煩惱的人。

不知何解，我自小就很害怕私家車，尤其是絕對不敢坐副駕駛座，只要汽車一開動，坐在副駕駛座的我就有一種窒息的感覺，稍爲開快一點，我都辛苦得要死。但奇怪的是，我坐巴士、小巴的車頭是沒有問題的。

我從來沒有探究過自己有這種恐懼的原因，只是一直都把這秘密埋藏在心底深處，深怕會被人恥笑。

幸好，每次家父開車接載我們一家，我家人都會爭着要坐副架駛座，令我暗自鬆了一口氣。

但是，當有需要坐公司的房車見客，我可慘了，通常要留後座比貴賓或大老闆坐，自己作爲 small potato，只能坐副駕駛座；每

當坐朋友的私家車，我都要想個藉口坐後座；但坐男友的車呢？就逃不過被迫坐副駕駛座的命運……

直到我去學催眠，最後的一課教「前世催眠」時，作為學生的我一定要被老師催眠一次，親身感受一下，結果這一試，解決了這個困擾了我多年的恐懼。

在接受前世催眠時，我見到自己是一個英國人，在類似福爾摩斯故事背景的時代，我從一個住貧民窟的小男孩，經過一番掙扎與奮鬥，在20多歲便白手興家，從低下階層脫貧，力爭上游，走上當時的上流社會，風光一時。但不幸地在26歲的那年，正當我趕着去見一位大客談生意時，被一輛私家車撞死了。

我感到很憤怒，很不甘心，很怨恨，覺得自己為甚麼那麼努力在社會底層辛辛苦苦攀上高峰，飛黃騰達，卻在少年得志，最風光的時候被一輛汽車奪走我的一切，奪走我家人的幸福，我覺得心口很有壓迫感，呼吸得很辛苦，很想睜開眼睛……就在這時，催眠結束了，跟隨老師的引導下，我返回現實，但上述那些片段我仍瀝瀝在目，就像昨天發生過的一樣，也像一場夢。

之後,在一次偶然的機會下我要坐一位新朋友的車,被邀請坐副駕駛座的我,因見路程不算遠,又不好意思推卻,便坐上副駕駛座,並在心裡默默祈禱希望不會那麼辛苦,希望朋友的駕駛速度是龜速......

不過,當朋友開動汽車後,我發覺,我居然沒有以前那麼難受。雖然對方有時加快速度的時候,我仍感到不適,但明顯沒有以往那種生不如死般的難受。我便想起,應該是之前我的催眠老師和我做前世催眠時令我面對一次其中一世的自己,讓自己感受一次當時對那輛撞死自己的私家車的怨恨和不憤,畢竟一切都已成過去,多風光,多艱辛的日子,多得志還是多失意的時刻,在這個有137.7億年歷史的宇宙裡,連微塵也及不上。

也許人生就如蘇東坡的一句:「人生如夢,一樽還酹江月」,既然人生就如一場夢,又何必太執著呢?

我好感恩我有學做催眠師,雖然不知自己是否會成爲一個成功的催眠師,但我卻從學習的過程中,藉着這一次偶然的前世催眠,幫我從這種恐懼症中解救出來。

那麼，標題中說好的「催眠裡的女人」呢？

說起那個「催眠裡的女人」，正正就是那個女人，讓我被催眠老師識穿我有靈異眼。為甚麼？那就需要讓各位簡單地了解一下甚麼叫「催眠的六級深度」了。

我在前一本著作《催眠師的秘技 – 戀愛心法》曾記述過催眠的6級深度，據 Arons Depth Scale 的定義，催眠深度初步分為六級深度，第一、二級深度只是程度不同的分別，而催眠其實不一定要閉上眼才稱得上是催眠。

第一級：

這是輕微的催眠狀態 (Hypnoidal)。被催眠者會覺得自己依然很清醒。

此時被催者的意識狀態約為90%~99%，潛意識狀態約為1%~10%。

第二級：

　　這是更放鬆的催眠狀態。被催眠者會感覺自己還是很清醒，但比第一級深度，身體更加放鬆，進入淺眠狀態。

　　此時被催者的意識狀態約為75%~90%，潛意識狀態約為10%~25%。

第三級：

　　這是容易接受暗示及建議的狀態，開始出現暫時失憶的階段(Amensia)。當被催者接受指令時，可能無法從椅子站起、數字遺忘 (Number block)、忘記一些言語 (Aphasia) 。

　　此時被催者的意識狀態約為60%~75%，潛意識狀態約為25%~40%。

第四級：

這是開始麻醉、止痛的階段 (Anesthesia stage)。被催眠者接受催眠暗示後可能出現進一步的遺忘，亦能夠在深度催眠中進行時間遺忘 (Amnesic)、催眠麻醉或催眠止痛 (Analgesia) 等。

此時被催者的意識狀態45%~60%，潛意識狀態40%~55%。

在五、六級深度是幻覺的階段 (Hallucination)。在此階段可以使人進入深度的潛意識狀態，我們更能接近內在的潛意識。

第五、六級深度開始產生麻醉 (Anesthesia) 和幻覺 (Hallucination)。第五級深度開始使人麻醉，沒有觸摸的感覺，也使人開始出現看不到存在的東西（即是出現正向幻覺）。第六級深度開始使人看到不存在的東西 (即出現負向幻覺)。

第五級：

這是正向幻覺 (Positive Hallucination) 的階段。此時，被催者會開始出現一種類似夢遊 (Somnambulism) 的狀態。被催者會極容易接受建議和暗示，可以看到一些不存在於現實的人物或物件。被催者可以開啓許多超感官的潛能，甚至可以經歷過去的事件 (experiences past event)，進行時間回溯 (Age Regression)，過程中可能再次經歷過去的事，回到童年。

此時被催者的意識狀態約爲25%~45%，潛意識狀態約爲55%~75%。

第六級：

這是負向幻覺 (Negative hallucination) 的階段。此時，被催者會無暇他顧，進入深度的夢遊狀態 (Profound Somnambulism) 或徹底麻醉 (Complete Anesthesia)，有些人會進入極深的催眠狀態，融入潛意識的世界裡，被催者或會把實際上存在的東西，在催眠師的誘導下而看不見 (即出現負向幻覺)，甚至有些人會忘記在催眠裡所發生的事情。通過一定程度及足夠的六級深度，被催者能與最內在的潛意識進行一場對話，來一場屬於自己的內在手術，重新認識最核心的自己，重新出發。

此時被催者的意識狀態約爲1%~25%，潛意識狀態約爲75%~99%。

　　看到這裡，大家都應該知道，只有去到催眠的第六級深度開始，被催眠的人才會看到不存在的東西 (即出現負向幻覺)。而我的「催眠裡的女人」居然在我接受人生第一次催眠時，催眠開始後不到兩分鐘便見到她，我問老師為何會有這種現象，老師就問我是否天生就看到「那些東西」，的確，我從小便看到，但究竟這女人的出現跟催眠有沒有直接間接的關係呢？其實，我後來回想起，原來我和她曾經在一次元辰宮治療中見過面。

　　由於篇幅所限，有機會出續集的話再為大家揭開元辰宮與催眠的關係。

資料來源：
《催眠師的秘技-戀愛心法》文心、煜晴

檔案4 ： 錯了位的時間與空間

相信大家有聽過平行時空、多重宇宙吧?

為什麼我們的宇宙是這樣?

為什麼光速是每秒299,792,458公尺?

為什麼時間一定要被定義為一年365日,分成12個月,每星期七天,每天都被分為24小時,每小時60分鐘,每分60秒?

直至今日,科學家們仍爭論着多重宇宙這猜想,連著名量子物理學家霍金到臨去世前也仍在研究這個直到現在仍未有科學實證的論調。

但無論這是真的,還是假的,我們未知的東西仍比我們已知的多,科學未證實到的,不代表不存在,肉眼所見到的也未必真實,今時今日的科學實證在未來都可能會被推翻。何不重新重視一下自己的感覺和體驗,而不是迷信科學、迷信權威呢?

一切一切都不及親身的體會來得真實,就像以下我的親身經

歷，令我不禁想起一套漫威英雄聯盟電影《奇異博士》(Dr. Strange)。

　　我在一個偶然的情況下認識到一種古埃及文明的修練模式，雖然我從來都沒有努力修行過，但這個文明的一些咒語或口令我也會偶然用來保護自己或應急，或在心血來潮時唸頌或施咒。

　　有一天我坐港鐵回家時，不知怎的，突然心血來潮，在我要下車之前的一個站，很想唸一個關於時間空間的符咒和手印，之後，發現港鐵重覆了三次到同一個站！

　　卽是假如我要在C站下車，但我在對上的一個站B站修誦了那口令三次，結果港鐵連續廣播「下一站B」，並停了三次B站，但身旁的乘客好像沒有太大異樣。實在太奇異了！

　　我肯定我是清醒的！因為我需要在下一個站下車，所以準備好背好背包、收起手機，擺好離開坐位要下車的姿態，但重覆了三次同一個站才到我的目的地，我亦有轉身望向車窗，甚至起身從門口察看，的確是重覆到了同一個車站三次！

　　後來,我問了傳這個法門給我的巫師,她說以強大的信心和清淨的用心下,有這種狀況都是不無可能的,而用這個口令重覆穿梭了不同維度三次,可以調整自己的頻率或業力。

　　無論怎樣,我沒有深究這次無意的穿越時空之旅,更重要的是,我沒有濫用這個口令,亦爲免發生同樣情況和聽從巫師的建議,盡量在家裡修持此口令而不在家外修練。

　　這次經歷令我不禁想重看《Dr. Strange》,我在想,曾有人話每個故事或劇本都不是無中生有,總會或多或少在根據現實的事例增修減改,否則爲何在劇集播出時之前,總會有一句「本故事純屬虛構,如有雷同,實屬巧合」呢?說不定,這個世界眞的有Dr. Strange這類人呢?

心理小知識

催眠裡的時間軸

　　催眠世界裡，有一種催眠技術叫時間回溯，指的是利用催眠術的技巧來讓案主的潛意識回到過去的某一個時間點，追尋遺忘了的記憶，讓不受時間、空間與邏輯限制的潛意識暫時代替表意識執行主要工作。在催眠師的引導下，案主隨著催眠狀態不斷加深，會自然回憶起以前，而前世記憶亦會慢慢地呈現出來。

時間回溯與精神治療

　　時間回溯的厲害之處，在於它利用「退行」（令案主回到過去的記憶，回憶起已忘記的人事物），讓催眠師了解案主的心理問題根源，讓案主再次體驗過去的經歷，並渲洩抑壓已久的情感，以消除其心靈創傷。

　　精神病患的出現，好多時是因為我們以壓抑或遺忘的方式去逃避生活中曾受到的重大打擊或創傷，心理學稱之為「心理防衛機制」。但這種防衛機制只是一種消極而又短暫的方式去處理自己的心理創傷，表面上令當事人以為問題已解決，但這些心理創

傷會以各種扭曲的方式來煩擾當事人的生活。

　　因此，運用催眠術的時間回溯可助當事人回溯其心理疾病的起源，從而對症下藥地治療案主。

檔案5：精神分裂/人格分裂/撞邪/鬼上身/奪舍分別速查表

	精神分裂	人格分裂	撞邪	鬼上身	奪舍
別稱	Schizophrenia 現正名：思覺失調	Dissociative Identity Disorder, DID 「解離性身份疾患」 又稱多重人格	卡陰： 撞鬼： 眾者可能說成鬼上身，甚至標奪舍	靈魂附體	俗稱：借屍還魂
界別	精神科	心理學	非精密科學	非精密科學	非精密科學 佛教稱為：奪舍（道家意識稱為：遷識） 換形：（靈魂換成不同形態，利用死亡後的一段時間，在靈魂與肉體之間的連結力轉弱的情況下，通過修練靈魂的入住的生物體，寄住在其他的軀殼中，以另一種生命形態生命延續。）
定義	患者一般會出現幻覺/幻聽，或覺得被控制等問題。 思覺失調可就是精神疾患中對精神官能嚴重障礙的病症。通常在生後青春期或成年早期病發，很多會跟隨病者一輩子，而目前情況反覆，容易復發。	患者有多重人格，各個人格有自己的名字、能力。 斷症較困難。	各門各派有其自定義，尚未有一個公認的精密標準，視乎科學、視乎不信的程度，情況、時間長短和各派師傅的斷症方式而定。	降靈短暫性借肉身：本身被鬼上身者的靈魂仍留在自己的軀體，仍有自己的意識。	奪：奪取、搶奪 舍：屋舍、軀殼 生物的軀殼被另一靈魂永久性奪取，原本靈魂被迫離開自己的身體軀殼 軀體已失本身的主人的意識／靈識 靈魂轉移至已死的身體上，亦可指靈魂生命／法術，用自己的靈魂操控別人的身體。

	精神分裂	人格分裂	撞邪	鬼上身	奪舍
病患比例	屬重性精神病，大約每100人就有1人會患上，多數病發於20至30歲。	病發率則為0.4%至3%，患者男女比為1:9，患者在受到難以應付的衝擊時，會以「脫離現實」來進行心理防衛，進而延伸出分裂的人格。	未有實際數據		
大眾誤解	一般人以為精神分裂患者危險性高，會有暴力傾向，威脅社區及他人的安全，但研究顯示，只有不足10%的暴力案件是和精神分裂症有關，他們更多是因幻覺所呈現的事物而感到害怕。 精神分裂症患者很少有暴力表現，他們多數較孤癖和退縮。	人格分裂不是精神分裂。 許多人常將人格分裂跟精神分裂混淆。 「精神分裂」是認知功能能障礙，現在更名為「思覺失調」，患者的問題是「分不清楚現實與幻覺」，例如「精神分裂患者可能會得有人在跟他」，但是事實上並沒有。 而「人格分裂」則是指「一個身體裡住了好幾個靈魂」。	人們常分不清撞邪、鬼上身與奪舍的分別，其實以下書籍的嚴謹性來看，運蘇自行查資料和諮詢多方面的專業意見作參考和辨識。 最好在先結合科學精神，以循向速中醫的態度向科學方面面引導。再向非精密科學方面引導參考。 根據台灣博士國醫學醫會一言，從科學系統，會全可能是因為被附加的效來。有人則導致「鬼上身」（靈魂附體）就惡疾症，主要醫學解釋就是因為過強烈的心理暗示下引起了比較大的精神刺激。 有人稱「鬼上身」，《靈魂附體》為「獨立漢字存於空電的腦電波」，強行佔據某人的意識時，受害者原來的腦電波會覆蓋的狀態，人腦失去原有的意識，行為被強佔的腦電波所操控，那人就可以被定義為「鬼」上身了。 不過，腦電波能在空中存在的說法亦沒有嚴謹的科學証明。		

主要病徵	精神分裂	人格分裂	撞邪	鬼上身	奪舍
	思覺失調的病徵，大約分為正性病徵和負性病徵兩類。 正性病徵包括妄想、幻聽。設話組織紊亂，而負性病徵包括失去一般情緒變化，面部呆板、不說話，對任何事都缺乏興趣，也缺乏意願去工作或學習。 常見的病徵包括妄想、出現幻覺（看到、聽到或嗅到一些不存在的東西）、言行錯亂等。此外，患者亦可能缺乏認知能力。這些徵狀和思想異常或思緒紊亂，也常變成患者難以集中注意力。	以下是美國DSM-5的診斷標準（節錄）： 1. 人格有其各自對不同環境的思考或意識。 2. 必須出現失憶的情況，包括：每天的某些活動、個人資料或某件曾經出現特定時間才出現的病徵，如一人走到陌生環境，日出就記得這處之類。 3. 必須由這些症狀對日常生理、心理或社會功能如生理、重症，嚴重者可變成死上身，甚至被害者會。 4. 病徵並不是一些物質如酒醉引致的暫時性如上身，局部或普遍功能(如兒童觸碰想像的真面的直接影響心理影響。 詳情： 1. 思想呆滯，患者會覺得有些思想不屬自己的；而是由他人透過光纜或進入，證明光纜或進收音樂電波，放進他的腦中。他亦可能感到自己的感覺、思想和記憶到他人的腦中。他亦可能感到自己的感覺以及思想都被別人一般，完全不能自主；甚至像記憶被奪走時，失去思想之連貫能力。 患者覺得所有人都知道自己的思想。 **幻想可在網上搜尋"DSM-5人格分裂"了解更多**	一般撞鬼上身的人都會面色異常蒼白或黑，事會不必可從面部和黑色中呈現到。 輕微者像缺乏睡眠，無精打采的樣子； 或有類似嚴重的病徵。 基本上，出現了嚴重違反物理或違反科學的定律，科學都未能解釋得到的情況，如突然懂得說別的另一性的，甚至是另一個人的聲線、連口音、聲調或日常用字都改變得如另一個完全不同的人在說話；錯調或一些生僻地山語出流利的農民突然接觸細緻的語言，但其卻未知道自己也會說的這位知識學識以及會說的這位了天*1	*紅：科學身體表示醫學會受靈界附身或以能附於事上而出現的說話已要全去普使用接觸細菌的語言言 就突然變得大無畏，如早年還仔紅屋靈探少女慘劇事件當晚，台上報紙記曾和上身事件的少女4個答只有90多小時的另聲也按動不住。	一個人從某某刻開始突然做出與往日完全不同的行為，性格完全改變，世界觀也似乎不同，就像變成了另一個人似的； 甚至完全認不出原主人的軀殼殼的所遺人的記憶與技能和朋友和過往的親原主人身邊的山記憶與新植知識主的軀體重新植入知識和主的知識技能被奪舍的軀體上。

	精神分裂	人格分裂	擴邪	鬼上身	奪舍
主要病癥(續)	2.妄信 在精神分裂症中常見的例子有以下幾種： 患者相信某一種力量控制了他們的思想和行為，可能會相信自己是一個陌生人，沒有自己的思想意志，想人完全控制了自己的思想和身體。 相信某些人曾經看自己或無故的跟蹤，嫉妒無辜地懷疑著。 您幻想在日常生活裡出現離奇的景象，如自己有特別的含意，如房間的顏色的事、某一種甜的事、氣象示世界末日快要到了。 相信自己是一個特殊人物，有特別技能現象術的本事，例如確保自己是彌賽亞或基督，或能夠令全世界帶生地球、水災等自然災害存至彌賽自己是彌賽亞了。 3.幻覺 幻覺是一個精神的癥狀，患者有幻覺，聽到一些聲音不能感受到的一些東西。精神分裂症患者感到一些味道或清醒時會發一樣。	一般認為人格分裂的出現，通常是患者的童年創傷有密切的關係；如小時候被迫待受創傷過有關時，因為當受苦者面對難以應付的衝擊而無處下訴時，會以「脫離現實」來進行心理防衛，進而形成中分分裂的人格關係。	根據台灣民間學易盲傳(公眾號易經國學院)，靈魂附體/奪舍的病癥可見於： 腦力疲乏、頭暈腦眼、面色晦暗發白、陰氣重、煞氣強、元氣較不聚之物吸取、頭皮發麻、精神萎靡、身心不暢、體質虛弱、莫名心慌、語無倫次、莫名的電吃感、幻覺、幻聽、自大妄為、頭腦昏眼、眼倦、降低容易的生病。 因為受兒的生氣送好被奪、受兒就會出現各種精神的層層狀態，容易疲勞、神精衰弱、失眠多夢、等等各種不支，甚至出現各種無名病痛，以及醫院檢查也難以確診各種不名的奇怪疾病，這種現象有時甚至會困擾被兒的心身多年而不退，後期的才轉為實症。	原因有多種，如冤親債主時運低(有意或無意冒犯邪靈(例如如遊地府(又稱觀落陰))、養鬼、戴陰牌、拜邪神、用請靈水神施問題導致外的邪氣神奴侵害；除法邪術下兜、蠱術、降術 運勢災禍問題：信運衰運 住進凶宅：祖先不安靈/墳墓未超渡不幸遭關/不幸重先人故意挑釁眾生靈體/陰煞眾生(遭人以為下降詛咒)/遇上有人死於非命(包括意外或自殺)等	
成病原因	精神分裂症的成因複雜，主要是遺傳因素及環境因素兩者之間的相互作用所促成。 可能病理和病因兩關開之主本解釋：				

成病原因 (續)	精神分裂	人格分裂	撞鬼	鬼上身	尋仇
藥理： 大腦中深層管理認知和情緒的組織出了問題，影響患者產生幻覺，有很過重記憶感，阻斷組織思想，喪失做事或學習的動力，大腦出現這種情況的病因。 **病因：** **A. 遺傳因素：** 大量研究數據指出，假如父母皆有精神分裂，子女一生入的 0.86% 的機會患有精神分裂症。另外其中一個孿生的孿生子，如果其中一個有精神分裂症，另一位一生中患上精神分裂的機會是 60 至 70%，最父或母患有的基因遺傳了給子女。最新的研究已經證實某六條染色體，它擁面基因的排列和組織如果有問題，致病的可能性越高。除了遺傳了幾基因外，患者自己也可能產生基因突變，增加患病的風險。 **B. 環境因素：** 1) 外來壓力 2) 母體產前感染 3) 胎兒缺氧 4) 兒童中央神經系統感染 5) 濫用藥物 **C. 遺傳：** 1) 包含多組基因 2) 影響腦袋結構和發育的因素					

釋疑	精神分裂	人格分裂	撞鬼	鬼上身	奪舍
	思覺失調與精神分裂症有何不同？ 益力多醫生（筆名）表示： 思覺失調包括念性思覺失調、精神分裂症、妄想症等，是一種腦部疾病。 念性思覺失調是的症狀通常維持1個月以內； 精神分裂症則是出現超過1個月以上的病癥。	為什麼會有人格分裂？ 其實造成多重人格的真正病因仍不清楚，目前共有4種可能致病的因子被提出： 1) 創傷性生活事件：經常發生在年幼時期遭遇身體虐待、性侵害或亂倫事件，而施暴者往往是患者的摰親好友。 2) 具有罹患此疾病之傾向：心理傾向方面，易被暗示和被催眠； 有些學者認為顱腦患者與此病息息相關，某些研究報告顯示，此疾患有較高比例的腦電波異常。 另外，累積環境壓力和缺乏外在支持力量也可以是成因。	視乎各門各派的不同信仰、教義、個別事件的自定義和做法，法師的認知和經驗，各施各法		

治療	精神分裂	人格分裂	攞鬼	鬼上身	奪舍
	藥物治療 一直以來都主要利用抗精神病藥治療。但是經失調藥物治會有很多限制，首先，藥物療能低正性病難因有效，但對負性症徵的治療則未能達標。而且，有基本多三分一病人對藥物沒有反應。還有，藥物的副作用，例如肌肉和關節僵硬，體重增加，甚至引發代謝綜合症。 **非藥物治療** rTMS（腦磁激法）。正性病徵是由於腦部某處和某某交界區位置很近耳朵）有一組細胞過度活躍。針對這症狀，用低頻每秒一下的磁力波，可減少這組細胞的活動，減少，甚至消除幻聽等正性病徵。 至於負性病徵，是因為患者腦前額的另一組細胞的活動力太低。針對這狀態，用高頻（大概每秒 10 下）的磁波，幫助他提升這組細胞的活動，從而幫患者減少令思和抽離，鼓助他們工作，人際關係中更積極投入習工存，人際關係也得到改善。一般腦磁激療程要 15 至 20 次，每次 40 分鐘。	一般來說，人格分裂時透過專門的心理治療來穩定病情，藥物治療或許有某程度上的幫助。 人格分裂的主要治療目的，在於讓患者遠離創傷壓力環境，並在人格之間找到妥善的溝通和合作方式，發展出並存意識和內在和諧。此外，身邊人的支持，對患者的復原也能起到關鍵作用。	視乎各門各派，各施各法。		

精神分裂	人格分裂	撞鬼	鬼上身	拿舍
例子 **正性病徵：** 一位太太經常以為有人在監視她，但事實上沒有，這是典型的妄想症。 **負性病徵：** 一位銀行家，突然辭掉在投資銀行裡高薪工作，整天在家裡無所事事，所有家庭支出由自己退休的父母一力承擔，即使他知道父母已沒有收入，但他說沒有意欲再做任何工作，這是典型缺乏意願的病癥。	一位33歲男子患化名為"S"，總想先後被親人性侵多次，導致多天"分裂出9種不同的人格：小寶（一個愛哭的懦弱5歲小孩）、美兒（一位愛罵您的年青怨婦）、忘於（一位喜歡撒嬌、暴力的、會保護患者的中年男士）、小蘭（一位喜歡子的好媽媽）、小明（一位幽默搞笑的高中生）、張先生（一位申張正義的律師）、仁叔（一位樂善好施的中年男人）、張婆婆（一位在受不同創傷後來的悲傷、抑鬱、廣為其他所需的患者），無奈、痛苦、不滿和仇恨。	例子眾多，層出不窮，但篇幅所限，有機會在續集陸續分享。		

參考：

香港心理衛生會

蕭宏展醫生，德仁綜合治療中心www.doctorsimonsiu.com.hk

念力多醫生（筆名），人格分裂 VS 精神分裂 小朋友會想像一個朋友在身邊？topick.hket.com

林以諾《電影中的醫學》：《異裂》將上映你知道人格分裂跟精神分裂的差別嗎？

https://heho.com.tw/archives/35988

https://www.psychspace.com/psych/viewnews-12079

https://twgreatdaily.com/513862808_121127066-sh.html

https://youtu.be/18Pn_XiUabU

https://youtu.be/bQH_G3B70Oo

第二章：
靈異催眠師的
詭魅童年

第二章
靈異催眠師的詭魅童年

檔案1：露台的紅衣小姐與床下底的長髮姐姐

自小父母就知我有靈異體質，因為當我還很小的時候就因為我的一連串靈異事件，發現了家裡多了兩位他們一直都看不見的姐姐……

不知從幾歲開始，大概三歲或之後吧(因我三歲都未懂說話)，我便很喜歡在我的睡房裡，對着窗外「自言自語」，父母問我幹甚麼，我就說：「我跟姐姐傾計……」父母問姐姐在哪裡，我就指着窗口說：「出面 (窗外)」，父母話沒有姐姐，我便指着窗外說：「就是這個紅色衫姐姐。」說罷，媽媽便立即走到神台上香，並在櫃裡急急拿一疊白色、長方形，沒有字的那種冥錢和三枝香走入我的房內拜拜，點香和往窗外撒冥錢或在房裡直接燒冥錢，這情況斷斷續續維持了多次，但真正有幾多次，那位姐姐何時不再出現，我和父母都忘記了，這就是在我家出現的第一位姐姐──窗外的紅衣小姐。

至於第二位姐姐，就跟我互動得更「深入」了。不知有多少過晚上，我都發現自己半夜驚醒時無故身處在床下底；多少個晚上我在半夜大哭時媽媽都發現我離奇在床下底出現，有時甚至好像全身

也動彈不得，要媽媽把我整個人拖出來，再用一些白色、長方形，沒有字的那種冥錢一邊把我從頭到腳掃到尾，一邊念念有詞的，叫那些眾生不要再騷擾我，直到我年紀漸漸長大，有一晚，我開始思考為何我總是無故發現自己在床下底時，就這樣在半夢半醒之間，發現自己又躺在床下底了，這時我想掙扎爬出去，卻發現有一隻白得像紙一樣的手把我拉回來，並有把聲音跟我說：「姐姐想陪你玩……」，我回頭一望，赫然發現，原來有一個面色蒼白、粗眉、鳳眼、瓜子面，長髮披面的姐姐伏在床下底最入、最貼近牆的地方。我便氣急敗壞的從床下底掙扎爬出來，跑去爸媽的房間求救，並告訴他們床下底有個姐姐要拉我落床下底。

　　自此之後，媽媽三不五時都會在床頭插香，對着床下底拜拜，彷彿對着床下底那個幽暗的角落請求着、訴說着些甚麼，亦不知過了多少個要被冥錢把我由頭掃到落腳的夜晚，就這樣這位床下底的長髮姐姐，隨著我的年齡漸長，漸漸消失於歲月裡。

檔案2：衣櫃裡的敲門聲

小時候，我很喜歡打開媽媽的大衣櫃爬入去玩，撥開一層又一層的衣服，讓我像尋寶一樣，開拓一個新世界般。現在回想起來，我覺得當時的自己好像著名小說／電影《納尼亞傳奇：獅子、女巫、魔衣櫥》裡的主人翁——小妹妹露茜。

每次我走入媽媽的衣櫃裡都喜歡輕輕的關上門，躲一個下午，與自己的幻想朋友（imaginary friend）在衣櫃裡玩。但，直到有一天……

衣櫃裡開始傳出有人在內裡敲門的聲音，媽媽初時以為是我／姐姐躲了進去玩，但我們根本就正在客廳玩耍，而全家只有我和姐姐的高度才能走進衣櫃裡。

某一天，我又想打開媽媽的衣櫃時，我發覺衣櫃裡有聲音，就像有人在裡面躲着，但我打開櫃時卻空無一人。不過，這衣櫃的左邊門有一面全身鏡，每次一打開衣櫃門都會見到全身鏡中的自己，這時我開始留意到衣櫃裡的聲音不是從櫃裡發出的，似乎是來自鏡裡面的世界，我定睛望着那面貼在衣櫃門的全身鏡，開始發現鏡裡好像不只有我自己一個，甚至連鏡中所反射出來的背景也好像跟家

中眞實的背景有點不同，當我越看越入神時，我發現鏡中有一個蓬頭垢面，穿白袍的女人把頭向我的臉哄過去，嚇得我趕快把門關上，並飛奔去媽媽身邊，告訴她鏡中女人的事。

　　雖然不知道媽媽做過了甚麼，而令到衣櫃再沒有怪聲發出，但自此之後，我再也不敢走入去這個衣櫃裡玩，連把衣櫃門打開都不敢。至於媽媽呢，在我們搬家後，已再沒有買有鏡在門後的衣櫃，她亦勸親友不要買這種衣櫃了。

心理學小知識

幻想朋友(Imaginary friend)

甚麼是「幻想朋友」?「幻想朋友」是心理學術語，也被譯為「虛構朋友」、「假裝朋友」、「假想朋友」或「隱形朋友」等，指孩子利用幻想或虛構出來的朋友來陪自己玩。

如何得知孩子有「幻想朋友」?

孩子會和看不見的朋友傾談，甚至耍樂，像和空氣說話般。

「幻想朋友」的出現，是否代表孩子不正常？

「幻想朋友」的出現不代表孩子有心理/精神問題。研究證實學齡前的孩子有幻想朋友是一種正常的心理現象。

這些幻想朋友的出現可以是來自故事書或電視節目中的角色，也可能純粹來自孩子的想像力。

其實，幻想朋友亦是一種孩子對自身需求的投射。如生活不愉快或被欺凌的小孩，會較傾向幻想一個願意聆聽、讓自己傾訴的「幻想朋友」；喜歡英雄主義的孩子，通常會幻想出一個受助者，而自己就是警察或英雄，除暴安良，拯救他人。

有「幻想朋友」是好？是壞？

其實研究證實，小孩有「幻想朋友」是有不少好處，甚至還能有助父母育兒呢！

有「幻想朋友」的好處：

1)能讓小孩進一步欣賞故事中的角色。

2)小孩的內心世界可從他們的「幻想朋友」反映出來，有助父母

師長了解小孩的喜好和心理。

3)多項研究指出，有幻想朋友的小孩大都比同齡小孩優秀，會發展出較好的智力、創造力、語言能力、社交能力、理解能力、記憶力、以及提升他們應對日常生活的挑戰和適應能力，甚至有助提升他們的生活智慧。

4)透過孩子與「幻想朋友」的玩樂過程可發掘他們的天賦和興趣。

當發現孩子有「幻想朋友」，應如何處理呢？

1)父母應接受孩子的幻想朋友，否則，該「幻想朋友」可能存在得更久。

2)如想孩子盡快擺脫其「幻想朋友」，可幫助孩子認識新朋友陪伴他們。

3)如孩子堅持和其「幻想朋友」交流，甚至假借「幻想朋友」的名義來跟父母溝通，父母可要求他們以第一人稱溝通，要他們說「我想...」、「我要...」，而不是「他想...」、「他要...」。

4)父母亦可借助孩子的「幻想朋友」訓練他們的生活技能和責任感，如為「幻想朋友」收拾玩具、整理房間、開門關門等，說明「幻想朋友」無法自己善後及料理生活，孩子要負責照顧這位「幻想朋友」。父母亦可適時借孩子的「幻想朋友」去培養他們

好習慣和好品德。

但請注意：如果父母師長們覺得小孩可能是由於創傷或不快事件而創造出「幻想朋友」，就請盡快聯絡兒童心理學家／社工／心理輔導員等專業人士協助。

總的來說，「幻想朋友」可以提供安全感給小孩，陪伴小孩渡過各種情感經驗，之後會漸漸被孩子遺忘。因此，父母不必過份擔心孩子有「幻想朋友」，也不需過份干涉他們的「幻想朋友」。甚至可以借助孩子對「幻想朋友」的描述來加深自己對孩子的認識，促進親子關係。

資料來源參考：
台北數位樂學_幼教編輯顧問_湯梓辰編寫，kizlab.pixnet.net

https：//helloyishi.com.tw/parenting/toddler-years/toddler-and-preschooler-growth-and-development/when-your-child-has-an-im-aginary-friend/

檔案3：床頭婆婆 vs 床頭公公

這是關於我和親姐姐的兒時經歷，分別由我媽媽憶述和我的回憶結合而成的。

話說在我仍未出世的時代，當時我姐姐只有幾個月大，我媽媽把她放在沙發上，便轉身走入廚房關上正在沸騰中的水煲，誰知不夠兩秒，媽媽轉身走出廚房便見到我的姐姐已離開了沙發，並在廚房門前對着空氣咔咔地笑，像有人跟她玩耍一樣，當時我媽媽以為是我的祖母把她抱到廚房門附近，但祖母卻說她才剛睡醒，整個早上仍未踏出過房門，那麼究竟為何一個只有幾個月大的小嬰兒能在那麼短的時間內可以無聲無息地從高處下地「走」／爬行得那麼遠，而又沒有弄傷？祖母卻氣定神閒的跟我媽媽說：「不用擔心！是阿婆在跟她玩而已。」後來媽媽才得知祖母所指的那個「阿婆」其實就是專門守護幼兒的「床頭婆婆」。但究竟床頭婆婆是否一定需要供奉呢？祂會守侯一個嬰兒到幾多歲才離開呢？我家並無宗教信仰，亦從來沒有供奉「床頭婆婆」的習慣，但我兒時，大概四、五歲都發生過不少在床上出現的恐怖靈異經歷，似乎都未見有得到「床頭婆婆」的幫忙，例如檔案1「床下底的長髮姐姐」和檔案4「奪命紙娃娃」都令我在睡夢中被受困擾，莫非當時我已不再是一個BB，所以床頭婆婆不再照顧我呢？但我卻遇到了一個至今仍難以忘懷的「床頭公公」。

　　話說有一個下午，仍是BB的我在嬰兒床剛睡醒，便自顧自在床上玩，並把我的小手從嬰兒床圍欄中的木條之間伸出來，但由於那隻手戴上了一隻玉鐲，所以被卡在了圍欄的木條之間，搞了半天，我的小手仍縮不回去，便開始哭了起來，但感覺到無論我哭得多大聲，哭了多久仍無大人來救我　　(那時仍未有規管獨留兒童在家中的法例)。就在那時，一位不是自己的家人，亦從未見過的男人走進了我的房間來，俯視着我，我當時只是一個未懂說話的小嬰兒，即時嚇呆了，但眼見祂全身週邊像是發着光的，身穿白色的長袖子的上衣，深色的，中長而微卷的頭髮，深邃的雙眼皮和高高鼻子，濃密的鬍子圍繞着一個慈祥的笑容，對着我溫暖的微笑着，並把我的小手從圍欄中解脫出來，還哄我玩了一陣子，之後祂便在我面前消失在一個光團中。究竟這位「床頭公公」是誰？

　　直到我升上一間天主教小學，上聖經課時便猛然發現，這位「床頭公公」居然跟耶穌很像，就像下圖一樣，雖然我無法100%証實，而且我目前是一位佛教徒，但當時與這位「床頭公公」的互動實在太深刻，祂的陌生、祂的突然出現、祂在光團中慢慢消失的神奇，實在令我對祂的樣子和笑容至今仍揮之不去，即使當時仍是一個BB的我仍然記憶猶新，但到目前我仍找不到任何比耶穌更像這位

「床頭公公」的人物 / 神佛的畫或塑像。或者，可能祂真的是耶穌基督吧？直到最近，我向一位傳教多年的基督徒請教，她說有可能是耶穌都不足為奇，因為耶穌是特別喜歡照顧小孩子，而且小孩子比較清純，頻道容易與耶穌基督連結也不出奇啊！

其實，在我念小二的時候亦見過這位「床頭公公」多一次，我還以為祂是爺爺口中的那個，會捉小朋友的「拗烏公」呢！

話說當時我因為在學校被同學欺凌，功課又多，讀書壓力大，令我睡不着，不開心，整晚在家中走來走去，當時爺爺跟我說晚上不睡覺的小孩子會被「拗烏公」捉走的，我被嚇得立即回房躲進被窩裡，但一直都心緒不靈，悄悄地哭泣，之後我望着枱上的時鐘，零晨一時多仍眼光光，未能入睡，對一個小二學生實在是一種很大的煎熬，心想是否真的會有「拗烏公」？之後，居然在漆黑中見到一個有點像乞丐的男人，他長著深色的中等長度，微曲的頭髮，有點像西人，他慢慢向我走過來，走到床頭，俯視着我，我心裡有點慌，因以為祂是爺爺口中的「拗烏公」，但祂卻像是很憐憫的用祂的大眼睛看着我，甚麼也沒對我說，在祂的手輕輕的準備觸碰我額頭的時候，我居然慢慢地蓋上了眼睛，睡著了。

　　第二天醒來，我才回想起這位「拗烏公」原來就是當年幫我從BB床，拿出我那隻卡住在圍欄的手的「床頭公公」！原來祂是來幫我入睡。自此之後，我便再沒有見到祂本尊了。但每次我想起祂與我接觸的這兩個畫面，我都不知怎的忍不住流下眼淚。

檔案4：奪命紙娃娃

在我念幼稚園的年代，大概中班時，我因爲被鄰座的男同學對我揮拳打到受傷，班主任於翌日送了一個她在日本買的紙娃娃給我。本來一心用來哄我開心的紙娃娃，變成帶給我及家人一連串不開心、甚至是極驚慄的怪事。

我依然對那個紙娃娃的外形記憶猶新，因爲這是那位本身不太喜歡我，我亦不太喜歡的班主任送給我的第一份禮物，一個令我一生中最接近死亡邊緣的娃娃，一個恐怖得令我父母至今都驚慄得不堪回首的日本紙娃娃。

這個日本紙娃娃是一個扁平，比較2D（二維度）的，即不能把它直立安放，一定要有東西承託住的，用傳統日本和紙折疊出來的平面娃娃，沒有畫上五官的，叫作「和服振袖紙娃娃」（Furisode/Kimono Paper Dolls）(見下圖)。我的那個紙娃娃中間有一枝雪條棍，可以給我往下拉動，紙娃娃的兩隻手便向上向下地動，很是有趣。當年的我經常拿着那個身穿綠色和服的紙娃娃玩過不停，實在愛不惜手。

媽媽見我那麼愛惜那個紙娃娃，怕我弄丟了，便把它放在我房間的書櫃裡——一個在我姐姐的書桌上，安裝在牆上的玻璃門吊櫃

的最高一格。我和姐姐如果要把紙娃娃拿下來玩，就必須高難度地先爬上一張櫈，再爬上書枱，再踮起腳，打開玻璃門才能把娃娃取下來，或者，要請大人們幫手，才能從書櫃頂取得紙娃娃。也正正要這麼高難度才能取得紙娃娃下來，就令之後發生的情節更詭異離奇。

在把紙娃娃帶回家幾日後，我開始每晚都有怪事發生，先是感到有一對手在我的床尾抓我腳板，繼而開始每晚都在睡夢中突然呼吸不了而哭醒，每次都要在半夜驚動我爸媽，把我抱回他們房中和他們一起睡，我才能一覺到天明。

但隨着我半夜突然窒息的問題越來越頻密，不適的情況持續得越來越長，我父母開始覺得有點靈異，並於每次我半夜出現窒息或鬼抓腳的問題，媽媽都自動拿香燭和冥錢(見圖)，幫我用冥錢由頭掃到落腳，再即時就地燒冥錢和點香，每次做完這些儀式才得以舒緩讓我入睡，直到有一晚……

那晚我又出現半夜窒息問題而大叫爸媽過來，這次我清楚看到一個長髮姐姐好掙獰的用雙手使勁地緊捏着我的頸，我痛苦地用

盡全身的力氣去呼喊爸媽過來我的房間救我:「媽媽!媽媽!救命呀!
」爸媽立即衝過來,但今次聽到的是爸爸焦急的聲音:「媽媽!快點
叫救護車!她的面已轉藍了……」當時幼小的我實在想像不到面色
變藍究竟是怎樣的,只知道自己可能會死,我就哭得更厲害,一
邊使勁地呼吸,一邊眼淚失控地流下來:「我透不到氣…透…不…
到…氣…姐姐捏着我的頸……好…辛…苦…」。爸爸急死了,便開
始為我進行人工呼吸,和用他從未受過專業訓練的手法為我做「心
外壓」。這時,只見媽媽那一副沉着冷靜的面孔,若有所思地走出

房間，再拿着一柱香、純白色的冥錢及四樣新東西──壽金、平時
大時大節時媽媽用來做祭祀時用的紅筷子一對、一把剪刀和一卷媽
媽平時用來縫製衣服的紅線(見圖)，然後她神態自若地對着那位一
直坐在我的床頭，憂心忡忡的爸爸說：「你讓開！」，便開始爲我擺陣
「作法」。

　她一如旣往，先燒了一柱香在窗前當天稟神一番，再把香插在

我的床頭，然後就開始就地燃點那疊壽金，口中念念有詞的說求觀音娘娘之類的保祐我，再用一疊白色無字冥錢把躺在床上、垂死掙扎的我來來回回地由頭掃到落腳，一邊掃一邊念念有詞地念着我的名字和請求那位「姐姐」放過我：「有怪莫怪，請你放過晴晴⋯⋯請你放過晴晴⋯⋯」，之後她把掃冥錢這一個項目交給爸爸接力，然後她就開始拿起那卷紅線，握着我的左手，在我的中指上繞圈，再打結，並舉起剪刀，剪掉線頭，那時我感到心口的壓力頓時有點鬆開的感覺。而這個時侯，爸爸仍念念有詞的不斷用冥錢爲我從頭到腳掃身，不敢怠慢。接着，媽媽不假思索地捉起我的右手，再用紅線綁着我的右手中指，這時我的喉嚨開始鬆開了，可以吸入更多的空氣了，爸爸深鎖的眉頭也開始放開了。最後，媽媽再用紅色筷子夾着我的左手中指，講了一大堆我聽不清楚的說話，然後就吩咐爸爸不需再用冥錢掃我，可以把冥錢就地化掉，這個時候我也可正常呼吸了，於是，忙碌了一夜的爸媽就返回他們的房間去睡，我也隨之昏昏欲睡了。但惡夢仍未完⋯⋯

　　我在半夜又突然睡醒了，這次我沒有再呼吸不了，也再沒有被怪手抓腳板。但是，今次可奇怪了，我發現本應睡在上層床鋪的姐姐(我和姐姐當時睡的是雙層床)，居然無聲無息地下了床，並坐在

書桌前的電腦椅上睡着了。而她在電腦椅上的睡姿卻很奇怪，與我們平常坐在電腦椅的姿勢剛好相反，正常我們是背靠椅背坐的，但我姐姐就調轉身，胸口靠着椅背，兩條腿夾着椅背坐着，頭和手都無力地垂在椅背上，我走上前嘗試叫醒她，想問她爲甚麼會坐在椅子上睡，但無論我怎樣叫她，甚至如何用手用力地推她、搖她，她都完全沒有反應，於是我跑入房叫醒媽媽，說出姐姐的古怪行爲，但不用三秒，我媽走入我的房間後卻見不到椅子上的姐姐，原來姐姐在這麼短的時間已回到床上，睡到扯着鼻鼾，媽媽摸一摸姐姐，覺得姐姐非常沉睡，認爲我只是發惡夢而已，叫我好好睡覺，便回她的睡房繼續睡。

　　我乖乖地上床繼續睡覺，但奇怪的事又發生了。我又突然醒來，發現自己的睡覺位置被調轉了，我的腳居然在床頭放在枕頭上，而頭卻在床尾，即我的睡眠方向被180度調轉了！更詭異的是，姐姐居然坐在我的床頭，倚着床緣睡着了，我立即起來叫醒姐姐，但依然叫不醒她，於是我又衝去爸媽房，叫他們趕快過來看看，爸媽一齊嘗試叫醒姐姐，但姐姐依然坐在我的床頭醒不來，於是媽媽又去取紅線，幫姐姐的中指綁上紅線，再叫醒姐姐，姐姐便甦醒過來，她很訝異地發現自己居然下了床，坐在我的床頭，她開始有點

恐慌,尤其是她被媽媽剛才替我「作法」的時侯吵醒了,知道不但又有詭異事件發生在我身上,還令她怪異地換了睡覺地方。她堅稱沒有下過床,完全不知道為何會無故坐在我的床頭上,這令她非常害怕。這時候爸爸煞有介事地望一望書櫃頂的那個紙娃娃,對媽媽說:「好像自從帶了這個紙娃娃來家之後,妹妹開始晚晚出事,現在輪到姐姐。」媽媽立即神色凝重地望向那個紙娃娃,和爸爸交互了一個詭異的眼神後,爸爸便上前動手打開玻璃櫃,想拿出紙娃娃,但被媽媽阻止,說:「等我處理!」然後爸媽一聲不響地各自把我和姐姐抱起,走入他們的房間一起睡。

好不容易,捱到了天光,媽媽如常一早起床煮早餐給我們一家吃和送姐姐及我上學。但我在上學出門之前,發現書櫃頂上的紙娃娃不見了,便請媽媽幫我找找看,媽媽卻說已扔掉紙娃娃了,我便大哭了起來,只見媽媽一聲不響,隻字不願提那個紙娃娃,冷淡而陰沉的面彷似對我的放聲大哭視而不見,充耳不聞,我就這樣被媽媽強行拖了出門口去上幼稚園了。上課的鐘聲響起了,似乎一切如常地繼續生活,媽媽也如常準時地在幼稚園門前接我放學,我亦沒有提紙娃娃的事了。但是⋯⋯

當我回家後，入書桌準備做功課時，「奇蹟」居然發生了！「媽媽⋯媽媽⋯你把她拾回來了吧？」我雀躍地衝去廚房問媽媽。

「拾回甚麼？」媽媽問。「是你幫我把紙娃娃拾回家吧？」我得意地說。

「啊？你說甚麼？」本來在廚房正拿着菜刀準備手起刀落的媽媽，頓時像一個突然被捕的逃犯一樣，拿着菜刀呆住了兩秒，只見面色突然變得蒼白的她，額角上多了兩顆汗珠，配合她空洞的眼神和張口了的口，這一張臉可以是我一生人從未見過媽媽那麼驚恐過的一張臉。

「是你把紙娃娃放回去吧？媽媽⋯⋯」說罷，她放下菜刀，轉身便跑去我的房間，抬頭一看：紙娃娃安然無恙地如之前一樣在書櫃的櫃頂裡，靜靜地站着，沒有五官的面孔像靜靜的看着我們，靜得家裡頓時一片死寂，連媽媽越來越急速的呼吸聲，越來越沉重的心跳聲我都可以清晰的一下一下地數出來⋯⋯

媽媽呆滯地望着那個紙娃娃，出了神似的，直到我嗅出廚房的

菜都燒焦了,媽媽才像在另一個世界中驚醒過來。之後,媽媽掛着
一副呆滯的神情,繼續煮飯,和我們一起食飯和做家務,但整晚都
一聲不響,沉默得令我和姐姐的心都寒了,直到晚上,不知何解,
媽媽和爸爸突然說要全家提早睡覺,還說很想和我及姐姐一家四口
一起睡覺,卽使爸媽的雙人床根本擠不下四個人,爸爸也情願睡在
地上,也不讓我和姐姐回自己的房間去睡,這實在令我和姐姐大惑
不解。更古怪的是,媽媽吩咐這晚誰也不能半夜走出這個房間上洗
手間,直到天亮爲止,所以媽媽準備了一個痰罐在房間,半夜任何
一人要大小二便都只能在房內解決,不能踏出房間半步。而且,媽
媽不但在上床睡覺前再三確認我們中指上的紅線沒掉,還替她自己
和爸爸的中指綁上紅線,才擁着我和姐姐一起睡。現在回想起來,
這情境令我覺得當時我們這一家好像戰役中的小家庭,連睡覺都要
如臨大敵,嚴陣以待,原來一切都只是爲了一個明明已扔掉到屋苑
樓下的大型垃圾站,但仍會自動「走」回家的一個日本紙娃娃。

　　好不容易,又捱過了一晚,一切都很平靜,媽媽如常一早起
床,爲我們弄早餐,爸爸如常上班,我和姐姐如常上學,但這天我
放學回家後已再也找不到那個娃娃,但我卻不知怎的沒有再爲失去
娃娃而哭鬧,自此之後,也沒有再見過這個紙娃娃……

這事隨著時間的流逝，我幾乎全忘了，唯獨令我難忘的是，自此以後，媽媽下令任何親友不可以給我和姐姐送芭比 (Barbie) 或任何人形娃娃，特別是——日本娃娃。

後來，媽媽無意間跟爸爸提起，她最後把那個日本紙娃娃拿去寺廟請住持處理，而媽媽亦自此之後，每逢見到日本娃娃都抗拒得連望也不敢望。

本故事純屬作者的親身經歷，如有雷同，實屬不幸。

檔案5：驅邪洗衫板

相信2000年後出生的人都應該從未見過「洗衫板」這種東西,就算見過都可能是塑膠造的洗衫板,而要用來驅邪的洗衫板,就一定要木造的。看到這裡是否有點沮喪?其實,要做到今次檔案裡的驅邪效果,一般木板、木棍、木梯都可以做得到的,只要是純實木,便可以了。

事緣我四歲的時候,跟爺爺和姐姐去太古城的歡樂小天地(後來結業了,類似現在的冒險樂園),沒想到當時位於地牢的太古城歡樂小天地,原來是「猛鬼小天地」。

那裡有一個室內的小型過山車,我和爺爺、姐姐一起玩過這個過山車之後,我的惡夢便開始了⋯⋯

那晚,我開始左邊耳朵痛和發燒,到零晨燒到105度,由於耳朵的疼痛和高燒的煎熬,當年只有四歲的我哭到天光仍哭過不停,令全家都徹夜難眠。媽媽唯有一早抱著我跑去醫院,醫生說是急性中耳炎,但吃過藥後都不能退燒,耳痛依然沒有改善,媽媽便抱着我看遍全港最貴的兒科、耳鼻喉科專科醫生,換了N次藥,都依然退不了燒,中耳炎依然存在。全家越來越着急,因為醫生說我的情況再無改善,我的左耳可能會永久失聰,而長久高燒不退大家都想

到後果如何吧？

　　於是我媽媽便打長途電話回內地鄉下，初時爸爸以為媽媽想送我回大陸醫，因媽媽的娘家是醫學世家，個個都是西醫或護士，但原來媽媽不打算用科學方法解決問題，而是從親戚尋找到一個最土炮的「秘方」。

　　「秘方」就是在家找一塊木製的洗衫板/木條，準備幾張白色的、無字的、中間剁開了些許花紋的那種長方形冥錢，一個鎚、一口釘、一把尺、一枝筆、一碗水飯 (一碗已煮熟但已涼了的飯，再加已煮沸過但已涼了的水)、一雙筷子。

　　然後媽媽叫我站得直直的，站在洗衫板前面 (我家當時的洗衫板比圖中的長很多，有整個浴缸那麼長)，媽媽用間尺像量度我的身高似的把我的高度用鉛筆刻畫在洗衫板上，然後把那一疊冥錢用一口釘釘在我的高度的位置上，再把那塊釘了冥錢的洗衫板，放在防煙門後面的後樓梯，再放低一碗插了一對筷子的水飯在洗衫板前方，便大功告成了。

　　結果，那天不消一小時我便退燒了，左耳也沒有再痛了。

　　之後媽媽再帶我去看醫生，無論公立還是私家醫生，都解釋不到我為何會突然在這麼短的時間之內完全康復。

　　就這樣，這個洗衫板驅邪術便令我不藥而癒了，但究竟箇中道理如何，至今仍是一個謎，只是聽媽媽講，原來那個「小天地」是很猛鬼的，因為那裡本身經歷過日治時代的黑暗時期，而且又身處於終日不見天日的地牢，我當時可能因為這樣撞了陰靈而患病。

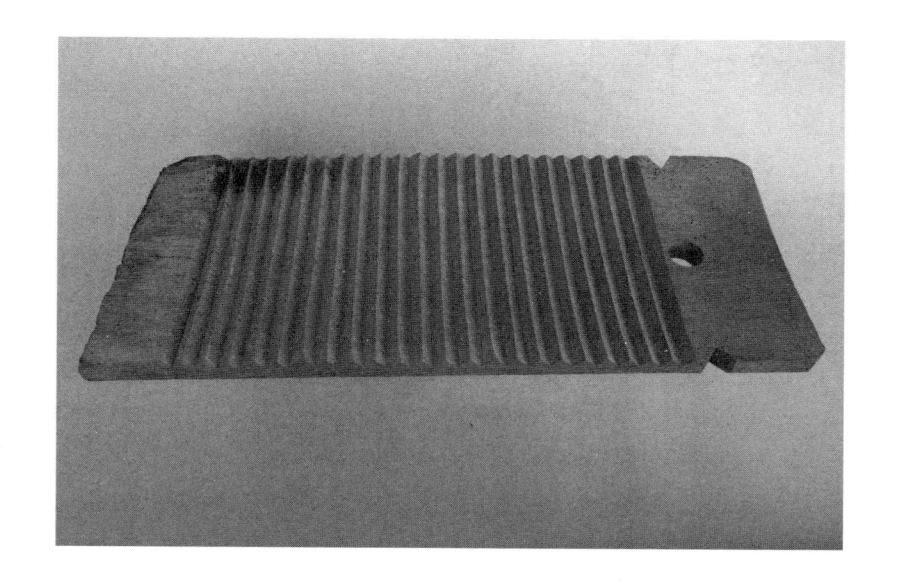

檔案6：夜半女歌聲

猶記得讀小三的時侯，我聽到人生第一首我認爲最好聽，最迷醉，但又最恐怖的歌聲……

一首類似印度文／梵文的歌，由一位女子在沒有伴奏下，在半夜清唱出來，唱得很有異國民族的情調，有少少幽怨，又有少少似搖籃曲，好容易被催眠。當時在床上仍未睡著的我，覺得很奇怪，因我清楚感到這歌聲不是透過一般家庭的電視機／收音機／音響／卡拉OK，或路過的汽車／單車的音響播放出來，更沒有甚麼中央廣播，是來自樓下平台花園的，由一個女人放聲清唱的歌聲。

「實在太好聽了！但……爲何清唱都可以那麼大聲、清晰和響亮？那女人眞的有一副好歌喉……」我想著。雖然我聽不明白歌詞的意思，但感到這一首歌表達出對一個人的思念，甚至是一種母親對孩子的愛與想念，感到唱歌的女人內心有一種孤寂和盼望，實在太好聽了，但又是誰會在大半夜 (大概零晨一時多) 在平台花園這樣放聲高歌呢？我便忍不住下了床，走到窗前，探頭搜索樓下的蹤影，但見不到平台花園有人在露天地方歌唱。「可能她坐在有瓦遮頭的地方唱歌吧！」我在想。但奇怪的事發生了，當我愈想尋過究竟，那位女人的歌聲就越大聲，還有一種聲源越來越接近自己的感覺，當

我的頭越探越出，我居然發現眼前的景象越ZOOM越近、越來越大的 ；越追隨歌聲去探索，樓下平台花園卻像在一個會伸縮升降的地台般越升越近，歌聲的來源越來越接近自己的雙耳，我便開始感到奇怪和恐怖，一回過神來，準備回床繼續睡覺時，赫然發現自己已探出了半個身出窗外，如果我繼續去追尋這把夜半女歌聲，我相信我可能會墮樓身亡！

本故事純屬作者個人親身經歷，如有雷同，實屬不幸。

檔案7：電話裡回音

　　相信大家都聽過不少都市傳說 (Urban Legends)，老實說，有很多我都不相信的，特別是那些「如你這樣做……便會死掉」，那麼，說這句話的人必有經歷過，但又為何知道會死掉？除非說這話的人已死了或他親眼見到有人這樣做真的死了，但很多時這樣的都市傳說都只涉及一個當事人在現場經歷一切，並沒有第三者，除非能提供沒有後期加工過的現場錄影錄像，有聲、有畫、有圖、有真相。但這一節我並不想考究每一個都市傳說的真偽，只想談談我這個膽生毛又八卦的人，小時侯「驗証」一個都市傳說的遭遇。

　　記得那時仍是小學生的我，是活在一個沒有智能手提電話，最高科技的只是有室內無線電話和「大哥大」的時代。當時的電話撥打制式是與現在的智能電訊系統制式完全不同，不單可以自己打電話給自己，就算連打 10 個 9 字都不會有接駁不通的信號。

　　猶記得，有一天做功課做到很無聊，坐在我身旁和我一起共用書桌做功課的姐姐突然問我：「你有沒有試過自己打電話給自己呢？」「當然沒有做過這般無聊的事！」我說。但姐姐用那詭秘的聲線和表情說服我試着用家中的固網電話打回給自己家 (因當時全家只有這一部電話)，她說，有人試過自己打給自己，可以接駁到地獄，並

說:「不如一起試試看?我真的想知地獄的聲音是如何……」

　　於是,我們便興緻勃勃地把電話拿過去書枱,這時建議我自己打電話給自己的姐姐卻死也不願親自撥打,迫着要我負責撥號,當聽到有「地獄聲音」時就遞給她聽。於是當時那個天不怕地不怕的我便拿着家中的固網電話聽筒按下自己家的電話號碼,按完之後我滿懷期待,等着接不通的「嘟…嘟…嘟」的聲音,但是,撥打完給自己後並沒有任何聲響,很安靜,並沒有任何系統撥打錯誤或接通的訊號,正當我和姐姐感到失望,想掛掉電話之際,電話的另一端突然傳來「特……特……特……」的聲音,彷似伴隨着我的脈搏在跳動,我嘴角不禁露出了得意的笑容,「家姐,開始有聲了,是一些『特』…『特』…『特』聲」我興奮地說。家姐忍不住搶了聽筒去聽一聽,興奮地說:「再等等,看看有沒有其他聲音,有沒有人接電話!」話未說完,那些「特」、「特」、「特」聲不知怎的消失了,開始傳來一陣像是在山洞裡,空氣迴盪的聲音,是風聲?還是什麼?電話的另一端彷彿有人拿起了話筒,但不說話,只有背後的空曠的背景聲音,我開始感到心裡發毛,收起了嘴角那好奇又興奮的笑容。這時,可能姐姐察覺到我臉色有點不對勁,她又搶了聽筒雀躍的爭着聽,聽着,聽着,她突然掛掉電話,面有難色地說:「快去做功課!」之後,她

跟我說她覺得電話另一端的那種空曠聲音很可怕，令她不想再聽下去。

　　雖然我們都不清楚我們是否接通了某個地方，不知道這是不是地獄傳來的聲音，只知道這個電話裡的回音令我們何其心寒，甚至乎我和她倆人在打完這通電話後都相繼病倒了。

檔案8：床上的女鬼與床震

第一則：與母同眠的長髮姐姐

小時候的我，因先天的靈異體質，再加後天層出不窮的靈異經歷，令我經常半夜走去媽媽房間要求和媽媽睡，尤其是當爸爸開始經常在內地出差，我便大有藉口跑去媽媽床上要求媽媽陪睡。直到有一天⋯⋯

媽媽在和我及姐姐一起吃晚飯的途中，突然放下筷子，神色凝重地問我：「你昨天有沒有過來我房睡覺？」當我答她沒有時，她的面色立即變得鐵青，清一清嗓子道：「昨晚我以爲你又過來睡，打算摸一摸你，幫你蓋被時，居然摸到一把長頭髮！」(從小我都是蓄短髮的，一直到唸高中才留長頭髮)，這時我和姐姐都嚇呆了，因當時姐姐都是長年蓄短髮，直到唸大學時才蓄長髮的！更令人驚呆的是，這個半夜偷偷爬上媽媽床上與母同眠的長髮女子，已不止一次這樣上她的床上睡覺！

聰慧的媽媽於這晚確認了她不是發夢，亦肯定不是我和姐姐幹的事，便致電在內地工作的爸爸講述這事，原來我爸爸當時在內地的公司宿舍都感到有一隻女鬼在他的睡房活動！媽媽覺得床上的女

鬼是爸爸從內地招惹並跟隨着他來香港的。於是，媽媽繼續發揮「神婆」本色，教爸爸在宿舍隱蔽處安置一個小香爐，因人在異地，加上在外資公司工作，不方便亦不可能搞一場法事，把人家趕走或超渡，說不定人家才是長住該地的主人，不好隨便驅走，只能和平共處，所以便教爸爸每天早晚都要在宿舍上香，盡量以禮相待。

至於她床上的女鬼，好明顯是外來「入侵」的，所以媽媽便自行找相熟寺廟求助，最後成功解決了，再沒有女鬼夜半來上床。

第二則：床震與夜半鬼敲床

隨着我日漸長大，我不再想亦沒有再跟媽媽睡，但萬萬也想不到「床上的女鬼」事件會發生在20年後已長大成人的自己。

話說有一個周末的晚上，我在外回家，當時已過了晚上九時，當我經過家附近的球場時，因爲想到一些惹人發笑的軼事，令我不禁在路途中失笑出來，與此同時，我經過的球場上正在捲起了一個小形的龍捲風，把地上的樹葉和垃圾都捲了起來，不停地一邊在打轉，一邊和我擦身而過，憑着自小的靈異體質，我感應到這個小龍

捲風絕不是單純的風,而是有靈體作祟,加上自小家中的長輩教導我遇見這種龍捲風都是跟「阿飄」有關,最好敬而遠之,看多一眼都不好,走為上着最重要。於是我立即收起笑容,急步快走回家去。但很可惜,似乎一切都已慢了一步,我感到已有「人」在我身後緊貼着我,一直跟着我回家。

我當時後悔不已,後悔為何自己在回家途中想着那件令人發笑的事情,從而令我不自覺地把自己的笑容與龍捲風中的女鬼給對上了。那晚我一步進家門,便直奔家中的神枱稟神,希望一切平安,那隻跟着我走進家門的女鬼快點離我而去,我亦整晚不斷地唸心咒,希望那女鬼早日離開。

雖然我依然感到不安,依然感到那女鬼仍在家中,但一切都好像風平浪靜。直到我晚上上床睡覺,當快要入睡時,我突然感到我睡的雙層床在震動,好像在地震或有人刻意用力搖晃那全實木製的雙層床,於是我便問睡在下層床鋪的姐姐,有否感到「床震」,她卻完全感受不到。

就這樣,來來回回床震了好幾遍,我當作自己太累或造夢而造

成的錯覺，便不再深究無故床震這回事了，開始入睡。但沒多久，我聽到床頭有敲床頭板的聲音 (我的雙層床並不緊貼牆壁，床頭和床尾的木板都與牆壁有一隻手掌左右的距離)，像是有人在床頭板後敲，但每次一聽到這些敲床聲，我掉頭去看，卻看不到半隻鬼影。我心中感到是那隻女鬼，那隻球場上的龍捲風女鬼在作怪。忍受了好幾晚的敲床聲後，我終於見到了朋友引薦下的法科師傅，師傅說那女鬼想上我身、想奪舍，於是他幫我用其派別的淨身方法立即作法為我淨化一下磁場，給我飲符水和用花字幫我封身。同時給了我幾道符及教我連續七日用七色花洗澡，方法是用七種顏色的花，連同粗粒海鹽用水煮沸至100度，用來淋身洗澡。初時，好像有點效果，但不久，敲床聲又故態復萌，最後我在另一位朋友的介紹下約見了一位密宗的仁波切，請仁波切加持我，我亦在床頭貼上密宗某位大師的法照及用仁波切教我的密宗方法，自己灑淨家裡。之後，我感到那個女鬼已離開了我，亦再也沒有床震及夜半鬼敲床了。

檔案9：防盜眼裡的人頭

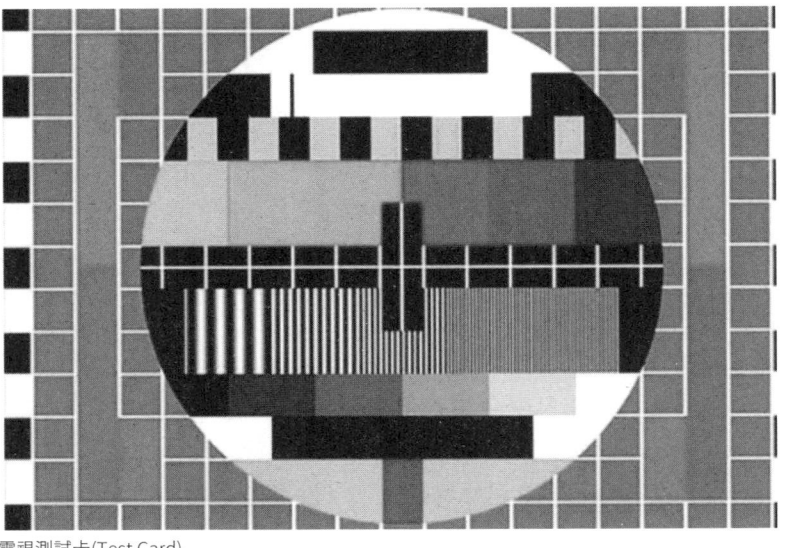

電視測試卡(Test Card)

　　不知各位有沒有在電視見過這個彩色、一格一格的「電視測試卡」(Test Card) 呢？

　　在互聯絡和24小時節目播放模式仍未普及的年代，我們有時打開電視機都會見到這個畫面。這畫面通常被用來填補沒有電視節目播放的時段，或維修人員檢驗電視機時才會顯示這個測試畫面。看

似很有趣，但小時候的我卻因爲在家中一連串的靈異經歷而對這畫面心生恐懼，直到長大後的今日，每次看到這個畫面，我都不禁感到猶有餘悸。

小時候那個年代，香港仍未有獨留兒童在家的監管法例，我經常被父母獨留在家，而很多時被獨留家中時，都會發生一些令人不寒而慄的靈異事件。

話說當我四、五歲左右，有一段日子，每當自己被獨留在家中，就會有人按我家的門鈴。每次聽到門鈴聲，我都很興奮地衝出去客廳，打開木門，以爲媽媽回家了；但很多時候，都失望而回，因當我打開了門，都發覺門外根本沒有人。但年紀尚小的我，卻沒有多想，只想着不知媽媽何時回來。直到有一次⋯⋯

我不禁覺得好奇，究竟是自己聽錯，還是有壞人？爲何總是有人在我被獨留家中時按門鈴，但開門後卻見不到有人？於是，接下來的日子，每當被獨留家中時，只要門鈴一響，我便先搬上一張椅子，讓矮小的我爬上去看一看防盜眼。

　　透過防盜眼，我終於發現了真的有人在按門鈴，原來是一位長髮姐姐！那個姐姐的站姿很特別，別人按門鈴，我可在防盜眼看到對方的正面和少少部份的身體，但這位姐姐按門鈴，我只看到她的頭頂，因為她的頭一直都垂得低低的，我看到的，就只有她一頭烏黑長髮的頭頂，從來都看不到她的臉，更莫說臉以下的部份。看着那個防盜眼前的人頭，不禁覺得怪異，而且我記得媽媽說過，不要開門給陌生人，所以我便不加理會。可是，每次打算從椅子落地，將她置之不理時，她都會不斷再按門鐘，令我感到非常煩厭。

　　直到有一次，我終於忍不住要跟這位姐姐「理論」一下，請她不要再來亂按我家的門鈴，但再一次，當我打開木門時，卻見不到任何人，「究竟姐姐躲在哪？」我便打開鐵閘，把頭探出去看看姐姐究竟躲在哪裡，可惜，連人影也看不見。

　　就在這時，當我回頭關門時，客廳裡一直關上的電視機突然自己打開了，但那時我家的顯像管電視機仍未有無線遙控器的，一定要親自走近電視機前用手逐個按鈕按下，「究竟是誰按下電視機？」我心裡很疑惑。家中就只有我一個人，只見自動開着的電視顯示出上圖的電視測試卡畫面，「難道電視壞了嗎？」我疑惑地走到電視

機前想把電視機關掉，無奈我怎樣按那個開關按鈕，都關不掉電視機。我開始焦急了，嘗試按其他按鈕轉頻道，但無論怎麼轉台，電視機顯示的都是那個電視測試卡的畫面。我愈按愈焦急，突然電視機的聲響變得很大、很大，一直長響地發出高頻的「呎……」的聲音，還愈來愈大聲，大聲得令人耳痛。我實在控制不了那部電視機，突然心裡有一種不安的感覺湧出來，全身起了雞皮疙瘩，在刺耳的電視故障聲中我從脊骨深處冒起冷汗來，便慌張的跑去房間，關上門躲起來，直到媽媽回家為止。

那刺耳的聲音和無聲的恐懼，跟隨着冷汗快要把我淹得窒息，我一邊用雙手蓋着雙耳，一邊祈求着媽媽回來，不久，我聽到客廳有聲，好像有人在客廳行走和打開櫃門似的，我便衝出房門，以為媽媽回家了。可惜，除了那個怪異的電視畫面和聲音外，我找不到媽媽，便忍不住哭了出來，衝回房間，但關上房門後，又開始隱約聽到人聲在客廳走來走去，像是在找東西似的，像是在無聊地把東西亂翻一通，像是想走進房間……突然，我的房門被緩緩地打開，「是誰？」但卻空無一人，我的門柄明明就是要用手握緊再向右扭才能打開的，究竟是誰打開了房門？是那個垂着頭的長髮姐姐嗎？「媽媽！媽媽請快點回家！」我開始失控大哭，但電視的刺耳長響仍在

「呦……」怪異地響徹整間屋。我一邊哭,一邊大喊着「媽媽!」不知哭了多久,熬了多少個小時,媽媽終於回來了,聽到那重重的關門聲,我便急不及待地衝出房門,撲向媽媽,像見到救世主似的。但媽媽卻用一個責怪的口吻,怪責我為何開着電視還弄得那麼大聲,當我來不及解釋發生過什麼事時,媽媽已輕易地把電視調回正常的頻道和音量,並順勢關上電視了。

正當以為一切都隨著電視復常運作而可鬆一口氣時,我看着關了機的電視螢幕驚呆了,我在灰黑的反光螢幕上,居然見到那個根本不存在家裡的長髮姐姐,坐在電視機前繼續低低的垂着頭……

下回待續。

檔案10：鏡面裡的長髮姐姐

自從我發現防盜眼裡的人頭是一位已刻意進佔我家的長髮女靈後，我發現每次照鏡的時候，都會在鏡中見到多了一個人的存在——這個我強烈感到不懷好意的長髮姐姐，但每次回頭查看，肉眼卻見不到她的存在。奇怪的是，她彷彿只在有反射面的物件才會給我看見，如玻璃窗、金屬面、關了的電視機屏幕等，好像她只能從鏡面顯現。

更奇怪的是，每次她一想在我家「走動」，我家電視機便離奇地轉去那個色彩繽紛、一格一格的「電視測試卡」(Test Card) 畫面 (見上一章)，無論是電視機正在如常啓動播放正常的節目頻道，抑或是關着，只要這位鏡面裡的姐姐想走出來，連已關着的電視機都會無故突然開啓，並出現這個測試卡畫面。無論是我被獨留家中，或是有家人陪同，都會出現這種現象。雖然我已跟媽媽說過，但媽媽覺得我是小朋友胡思亂想、亂說話，她仍堅信這只是「機件故障」而已，但請人多次維修和檢查電視，都解決不了，久而久之，我媽媽都對此事「視而不見」了。

所以，每次當我被獨留家中時，我都異常恐懼，因爲自從這女人攻入了我家，當我獨留家中時，電視機便經常無故出現電視測試

卡畫面，並發出非常刺耳又大聲的高頻聲音。每次出現這種情況，我寧可掩着雙耳躲在房裡，忍受着那種刺耳的高頻聲音，寧可抵受媽媽回家後訓斥我不調低電視音量，沒把電視關上，也不敢走出房間……因爲，我已感覺到她從鏡面走了出來。

　　後來，不知發生什麼事，連我媽媽都察覺到我睡床旁邊的大長方形鏡有古怪，便在鏡與床之間的牆上安裝了一個可以插線香的「小香爐」。之後，她亦頻頻撲撲、來來回回搞了一堆事情，因我當時年紀太小，記不清楚，追問媽媽幹甚麼，她又煞有介事般三緘其口，不准我問，只知道她有段時間不停在我房中燒紙錢，對着這塊鏡口中念念有辭，又在客廳的神位燒元寶，又跑寺廟等，就這樣，事情漸漸解決了，家中的鏡子、玻璃窗和電視機屏幕亦沒有再見到這位長髮姐姐，我床邊的小香爐亦移走了。

　　直到後來長大了一點再問媽媽，希望她透露一下這件事的眞相，但不知道是媽媽眞的如她所說「年紀大，記不起」，還是眞的不想提起，我最終都未能解開這個謎。只知道，我到現在這一刻，一見到電視機出現這個測試卡畫面，我的心、肝、脾、肺、腎，都如失控般直發毛……

檔案11：我與濟公的故事

香港有一間很著名的濟公廟，它就是位於上環太平山街40號的廣福義祠 (百姓廟)。

這間小小的寺廟長年香火鼎盛，被譽為全香港三大求簽最靈驗的廟宇之一，更是求姻緣的著名聖地。不少善信來做攝太歲、超渡亡靈、上塔香祈福增運等法事。這廟供奉着六十太歲、地藏王菩薩和有名的濟公聖佛。不少名人、明星如張國榮、吳君如、(阿Sa)蔡卓妍、李佳芯、關芝琳等都前來禮佛。

而我與濟公的緣份，源於我只有幾個月大時染上了病毒得重病，連續發燒多天，輾轉在多間醫院留醫、全身插滿喉，不能進食，不停腹瀉，又出疹，水腫得面容扭曲，連哭也沒有力氣，醫生們都覺得我可能養不大了，媽媽傷心得在醫院哭崩了。就在那時醫院裡的清潔姐姐跟我媽媽說，叫媽媽試試帶着我穿過的BB衫去上環濟公廟求助「搏一鋪」。可能一個人在絕望的時刻覺得科學的方法沒有效果，就會想試下非科學的方法。於是媽媽在醫院致電爸爸，請爸爸拿我穿過的BB衫趕往這濟公廟，求濟公救我這弱小的小生命，而媽媽就繼續留守醫院看顧我。

　　於是爸爸便拿着我穿過的BB衫趕到去濟公廟,一見到濟公聖佛的佛像,便立即跪下來,聲淚俱下地訴說我病危的情況。神奇的是,當爸爸拿着BB衫和香燭祭品拜完濟公後,本來持續發高燒了差不多幾星期的我居然奇蹟地退燒了,不到兩日便完全康復出院了。爸媽都深信是濟公的保祐,讓我康復過來而心存感激。

　　一直到我唸中學時,我和父母偶然看到周星馳主演的電影《濟公》時,媽媽才把這事娓娓道來。只見到媽媽一面說,父母的眼裡都泛着感動和對濟公感激的淚光。就在那一刻,我腦海裡突然浮起了幼年時的自己曾經在睡夢中或半睡半醒的狀態時,見到一位手拿爛扇,衣衫襤褸的乞丐在床邊看着我,對我慈愛地一邊微笑着,一邊叫我做「牙丫女」……

　　可能這位夢中的乞丐*就是在我命懸一線的時候,救我一命的濟公爺爺了。雖然隨着年紀漸長,我已幾乎沒再夢到濟公,但直到現在我仍深信濟公仍慈悲地保祐着我。濟公,多謝您!

*註:根據維基百科,濟公(1148年-1209年),法號道濟,又稱濟癲和尚、濟公活佛、濟公禪師,俗名李修緣。濟公出生於台州,後逃婚在杭州靈隱寺出家,法號「道濟」。喜好誦經打坐,不戒酒肉,語言詼諧,穿著破衣破帽手持破扇,外形彷如一個乞丐。因其行為不檢點,故又被稱做「濟癲」。由於濟公醫術精湛,常常救助百姓,被百姓稱為「濟公活佛」。

後記：連報紙都報導的濟公顯靈奇蹟

上世紀70年代有一宗新聞報導令濟公廟從此在香港聲明大噪。(各位可以在網上／圖書館等翻查相關資料紀錄)

話說1970年代有一位超級富豪，他心愛的太太患上癌症，當時癌症的治療方法遠比現今技術遜色，治癒的機會亦比現今低，他深知太太已藥石無靈，在這絕望的邊緣，唯有向非科學的方面找辦法，他先去九龍一間道觀問扶乩，神明顯示他需要找濟公才能救到太太。於是，他在香港遍尋恭奉濟公的寺廟，好不容易，終於找到了上環這間小小的百姓廟(濟公廟)，當時他向濟公求籤，籤文指引他需要從濟公廟請一壺茶帶回家給太太喝，於是他每星期都去濟公廟求一壺茶給太太喝，大概持續了2~3個月，他的太太居然奇蹟痊癒！癌細胞全部消失無蹤，震驚了醫生們！這濟公醫好絕症的神蹟亦被報紙報道出來，從此，這間小小的濟公廟便聞名於香港的大街小巷。時至今日前來求健康、求平安、求姻緣等都一一因為此廟的有求必應而長年善信絡繹不絕，香火鼎盛！

第三章：
靈異催眠師的
少女時代

第三章
靈異催眠師的少女時代

檔案1：踮起腳跟的女人

唸中四那年的某一個早上，我如常一早七時出門上學，很順利地，不用多久，電梯便到了我的樓層，電梯門打開了，有位體形纖瘦，蓄着短髮的女人筆直的佇立在正方形電梯的正中間，令背着一個笨重的大書包的我有點尷尬，因她站正那個位置，又絲毫沒有意思讓路給我，以我當時140多磅的體形，我的書包一定碰到她，我唯有一邊走進電梯，一邊不停講「不好意思」。但不知是幸運還是倒霉，這麼龐大的我，居然碰不到她，並順利竄進電梯最入的角落⋯⋯

正當以為她會動手按關門按鈕時，我卻發現她不但絲毫不動，甚至彷彿看不到我似的，怪異地一直用力撐開雙眼定點瞪着她面前45度角下方的一個點。正當站在她左後方的我準備伸出手去按關門掣時，我發現了更奇怪的事⋯⋯那個女人彷如沒有呼吸般，雙肩、胸口都沒有絲毫起伏，沒有呼吸的聲音，也沒有呼氣的氣息和溫暖，甚至連眼睛也沒有眨動過一樣，那一刻，電梯門關上了，電梯隨之緩緩下降，但我卻驟然覺得自己已急墜到一個死寂的深谷般，不知自己去了哪個空間，只聽到自己愈來愈急速的心跳聲。

我一直盯着那位女士,一個大概40多至50歲的女士,一個沒有血色、從12樓到6樓都似乎沒有呼吸起伏、沒有眨過眼、沒有嚥過口水的女人,在強大的電梯抽氣扇下衣物和髮絲沒有半點抖動的、似乎完全無生命跡象的女人,筆直地像穿過正方形地面上對角線交點的一條垂直線般緊緊的釘在電梯正中央,一動也不動。

不,不是釘着。從來未試過掃視別人的我,忍不住把她從頭到腳打量掃視一番,不掃也吧,一掃就不得了,原來她一直都不是站着,而是吊着……就像一個木偶被一根穿過它身體的繩子,直直的垂吊着,只有腳尖輕輕碰到地面,而腳跟是踮起的!

如果一個人可以呼吸微弱得,令距離她大概20公分左右的我完全察覺不到,我覺得仍可以說服得到自己 ; 一個人可持續差不多一分鐘完全不眨眼地瞪着眼定點看着一個點,我都可以說服自己她在練習不眨眼而已,但,以我當時僅有的物理知識,一個有一定重量和高度的成年人在地心吸力和電梯同時下降的互相作用下,可以毫不費勁,腳面完全沒有絲毫彎曲的情況下,只用腳尖輕輕踮着地面而又能筆直的站立着但身體卻絲毫沒有半點顫動的人,就肯定超出人類的物理極限——卽不是人,在結合所有上述表徵下,我發現我

的校裙原來已經全濕了，像穿著校服跳入大海裡一樣的濕，因我已被自己的冷汗徹底地浸濕了。正當我極力地說服自己是幻覺，是在造夢，是自己仍未睡醒的時候，電梯突然停在三樓，電梯門緩緩打開，一個肥師奶像港產片《女子監獄》的魯芬所飾演的角色「山東婆」般豪邁地走進電梯時，我頓時鬆了一口氣，感覺她是上帝派來守護我的天使，但是……

這個身形比我大兩倍以上的肥師奶按照正常物理情況下，她應該會觸碰到那個踮起腳跟的女人，但肥師奶不但沒有碰觸到她，反而彷如看不到那個踮起腳跟的女人！

這一刻我的心情瞬間由3樓直墜18層地獄般，站在右前方角落的肥師奶，與我形成一條斜角線的兩端，而那個踮起腳跟的女人正正站在我和她的正中間。肥師奶見到我神色慌張和全身濕透的校裙，就變相輪到我被從頭到腳地打量一番，我嘗試向她使眼色，示意她留意站在我和她中間的女人，她彷似完全不明白我在做甚麼，甚至好像完全看不到我和她之間還有一個「人」站着，最後，肥師奶在掃視完我一番後，對我報以一個鄙視的表情。

　　電梯門又打開了,今次終於到地下了,肥師奶看着我好像見到瘋子般拔足狂奔,離開電梯,我亦急不及待,卻又步步為營地走出這部電梯,但那個踮起腳跟的女人卻依然靜靜地,直直地站在,不,不是,是吊在電梯的中間,沒有繩子在她的頭,卻如同一個木偶般吊在那部電梯的正中間,沒有跟隨我和肥師奶離開那部電梯。在我經過保安站崗的那一刻,我真的想停下來,看一看閉路電視,看看究竟那個踮起腳跟的女人是否出現在螢光幕上,但我最後都沒有這種勇氣,急忙地一邊撫弄着我那條被冷汗浸濕了的校裙,一邊狂奔出大廈。自此之後,我再也沒有在乘搭電梯時見過這位踮起腳跟的女人,後來我想起祖父在我小時候曾叮囑我千萬不要走路時踮起腳跟,一定要腳跟碰到地面地步行,否則會短命,因為只有鬼才會踮起腳跟站立和走路的⋯⋯

　　原本以為故事就這樣結束,誰知七日後,我放學乘電梯回家時不知何解到了我的樓層卻忘了離開電梯,隨着電梯繼續上升,上到去某一個樓層,電梯打開門後無故未能關上,我才發現,原來那樓層有一個單位在門前放了一枝燃燒中的白蠟燭,這代表那戶人有人過身了。那一刻我頓時感到那個踮着腳跟的女人彷彿又出現在我身

邊，像是想告訴我，她剛好過了頭七，上一次電梯的相遇，只是碰巧她不知道自己已離逝，想回家吧了。

本故事純屬作者個人親身經歷，如有雷同，實屬不幸。

檔案2：課室裡的鐵鏈聲

相信每間學校都有它的鬼故事,但一般都是來自朋友的朋友的朋友,傳聞中的傳聞,可信程度有待商榷,但今次這個檔案所分享的鬼故事,可以說是我中學時期的中文老師親眼目睹的經歷。

我們全班也沒想到那位老師居然在教學途中突然跟我們說這個鬼故事,但看他的神情和眼神,絕對感受到這故事對他有多刻骨銘心。

事情是這樣的,由於校園有建築工程,所以有一段時間我們需要趁其他班別上體育課時借用她們的課室,而正是這臨時借用的課室勾起了這位老師的無限驚恐和感慨⋯⋯

打從他走進這間「別人」的課室後,他便有點不自在,有時會忍不住望向課室左邊的窗戶,幸好這個班房是低年級的班房,而這位老師專教高年級,所以工程過後,他應該不用到這班房教書。

上課中途,他突然沈默了片刻,清了清嗓子,說起了他與舊同事的一段往事:多年前,他和舊同事都是當年新來報到的男老師,剛從大學畢業,年輕有為,抱着一腔教育的熱誠,每天努力教書,

但那男同事自從在這個班房教書後，不知怎的，開始出事了。

事緣這班房曾經有一位女老師在上課時離奇聽到鐵鏈聲，影響上課的狀態，甚至乎受到精神困擾而辭職，這個傳聞在當時一直盛行。而剛好這位無神論男老師亦常在上課中途無意聽到有人拖着鐵鏈走動的聲音。

初時他不以為然，但漸漸，他發覺那些鐵鏈聲越來越頻密，連班中都有同學聽到，令傳聞更越傳越烈，學生之間越來越恐慌，一些來自其他樓層的學生還故意到這樓層探究一下。但這位男老師從不「信邪」，只要在他課堂中一出現鐵鏈聲就走出課室探索究竟，有時在課餘時候，他都用私人時間去嘗試探究這些鐵鏈聲的來源，但似乎他對這鐵鏈聲越是好奇，越是深深不忿地去尋根究底，越是想挑戰、推翻這個傳聞，這些鐵鏈聲就來得越是頻密，越來越大聲，甚至開始對他造成越多的困擾。

漸漸地，我的老師、當時的其他老師和學生，開始發現這位男老師越來越精神緊張，一有少許聲音便衝出班房，甚至越來越精神恍惚，不能再集中上課，行為亦開始愈來愈怪異，經常自言自語，

繼而經常因爲感到不舒服，要向學校請假，到最後因爲証實患上了精神病而被迫辭退教席。這一切一切，我的中文老師當年都看在眼裡，眼見一個好同事，一個好老師，一個大好靑年，最後卻因爲這些詭異的鐵鏈聲而要入精神病院。

這事亦因這位男老師突然要入精神病院而引起校監修女插手，據我的中文老師講，當年有幾位修女拿着聖經、聖水和十字架，趁不用上課的時段，在這課室裡和側邊的後樓梯「作法」了一段時間，之後才再沒有這詭異的鐵鏈聲出現。但這事件被當時的校長和校監列爲禁忌，不許再談論。十多年後，那些修女、校長、校監退休的退休，回天國的回天國，這禁忌似乎仍然禁錮在當年親見此事而仍留在學校任教的那幾位老師的內心深處，終於由我這位中文老師解封。

究竟那詭異的鐵鏈聲是針對某些人而來，還是碰巧時運低的人才會聽到那鐵鏈聲？就眞的不得而知了。

本故事純屬作者的老師親見的眞實事件，如有雷同，實屬不幸。

檔案3：一夜發霉的黃符

讀高中時候的一個晚上，我如常在雙層床的下層睡覺，正準備入眠之際，我發覺右耳邊有一些類似扭動收音機的按扭調頻道的聲音，好像由牆身傳過來似的（床的右邊是靠牆），慢慢、慢慢地開始有一把男人聲在說話，但我無法聽到他說些甚麼，似乎他不是一般電台節目聲演或做戲的那種講對白，而是有點像在我的耳邊耳語的那種，原來他是特意對我說話！

從他的「鬼食泥」中，我感到他的聲音好像越來越接近我，越來越大聲，但我依然聽不到他在對我說甚麼，只知道他一定是一個靈體！我無故與他的頻道接上了！

他一邊跟我說話，我的冷汗就一邊從尾龍骨一浪一浪的滲出來，一種無形的壓迫感和恐懼感從四方八面向我壓過來，我嘗試念經咒，用被緊緊的蓋住頭，但都於事無補，那個男靈體依舊對我越說越大聲，越說越起勁，我感到整張床單像尿床一樣被我的冷汗浸得全濕了，被窩也被冷汗沾得濕漉漉的黏着皮膚，連同那把男人聲把我混身纏繞得非常難受。

幸好我當時身體仍能動，便趁還能動彈時立即起床，打開抽

屜,找出一道多年前爺爺在寺廟求回來的黃符(黃紙紅字,折成三角形的那種道教符),放在床與牆之間的木板上(那些木板是家裡裝修時用剩的短木板,插在我的床與牆之間剛好填補了空隙,所以形成了一個小小的「槽」,可以讓我把符放在床與牆之間的陰暗處)。放了符之後,我繼續大被蓋頭,嘗試不去理會那把「鬼食泥」般的男人聲,心中不斷持經咒,慢慢便睡著了。

翌日起床時,赫然發現那道黃符居然在一夜之間發霉,符上面佈滿一綑夾雜住灰塵和菌絲體般,有點似蜘蛛網的東西。我的直覺告訴我,這是黃符與那位不斷滋擾我的男靈體「一夜搏鬥」過後的痕跡。雖然我感到那道黃符已爲此事耗盡了力量,但我都不敢,也不想把那道黃符移走,好讓它繼續「駐守」在那裡,守護我的床頭。

自那晚之後,那把男人聲已沒有再出現,亦沒有再出現那種收音機調頻的詭異聲音,可能那道黃符依然用它剩餘下來的氣場保護着我。

之後,我從一個風水節目得知,原來睡床的床頭對著洗手間會對睡床上的人不利,而我當時的床頭剛好貼在廁所,不知道是否

因爲這樣的影響，容易招陰？但睡在上層的姐姐卻沒有類似靈異經歷，反而長期偏頭痛和失眠。但無獨有偶，把床頭轉過另一方向後，好像改善了我們大體上的睡眠質素，可能這與風水有一點關係吧。

第四章：
靈異少女初長成

第四章
靈異少女初長成

檔案1：紙紮的士找替身

大概10年前左右，我經常和一位女性及兩位男性朋友一起去流浮山的一個私人佛教道場禮佛和做義工，幾乎每個周末都會去。

這道場正位於一個海產養殖場旁邊，附近還有一個養豬場，可以看到一望無際的海景，一海之隔便是深圳。道場的正門旁邊就有一個小巴站和巴士站，一條馬路之隔便是一條幾乎被叢林遮蓋着的，建在山腰上的隱蔽村落，在當時仍然有原居民居住，現在就不知道了。環境相當清幽，而我人生中最恐怖而又最接近死亡邊緣的靈異經歷就在這裡的雙程路發生⋯⋯

就在某一個星期日晚，我和這三位朋友在道場和住持師傅　(一位女僧人)　一起晚膳後正準備追趕最後一班小巴出天水圍港鐵站，眼見最後一班車在我們面前開走了。我們四個人八隻眼望着住持不知如何是好時，只見住持突然神色凝重，煞有介事地沉默了一會，然後對我們說：「連最後一班車 (小巴) 都走了，這個時間 (10.30pm)甚少會有的士入來的，最多有的士離開這區出市區，但機會不大 (當時是沒有uber的)，電召的士也不會有司機願意入來那麼僻靜又難找

的地方,你們唯一的出路就是沿着這條馬路行到去天水圍港鐵站吧了,快則20分鐘,慢則半小時左右都可以出到去港鐵站的!」

「吓……」我們萬分不情願,但我們似乎別無他法,因道場沒有地方讓我們留宿,翌日早上我們又要一早上班,不得不徒步摸黑行出去天水圍港鐵站。不過……

「不過,這條路的確很猛,連我這個身份(出家人)都被鬼搞過……」住持凝重地說,「所以你們緊記,你們兩個女的陰氣重,所以一定要兩個女人夾在中間,兩個男人在外一起一字型手拖手一齊行 (卽:男-女-女-男),更重要的是,一邊行要一邊在心裡念着各自最熟悉的經咒,可以是佛號,可以是六字大明咒,心經,或其他,總之各自念自己信心最大,最常修持的經咒,無論發生甚麼事,都要拖着手,不可以走散。」

「但,遇到有的士來的機率有多高?」我的女性朋友聽到眼眶都紅了,開始想哭了。

「機會很微……如果你們走了15分鐘都不見有的士就放棄坐的

士的念頭吧，因捱過了頭15分鐘，你會開始見到遠處的西鐵的高架
列車，和高樓，開始光亮些，會沒有那麼恐怖，到時再走多不到15
分鐘便會見到港鐵站了。」住持說。

　　最後，我們四人便戰戰兢兢地手拖着手一起踏上征途。為了方
便大家了解故事的發展，請留意以下示意圖：

(馬路) 男A——我——女友人——男B

　　由於沿途有幾個廢車回收場，所以會有幾盞高架大光燈長期亮
着，靠着遠處的高架大燈，沿路都未至於伸手不見五指那麼恐怖。
在兩位男士各自手握着開了電筒功能的手提電話下，我們亦各自開
始輕聲地念念有詞，念着我們所熟悉的經咒出發了……

　　頭10分鐘都相安無事，大家都非常平靜地一起走，但10分鐘
左右後，女友人開始哭，停止持咒，開始嚷着說好想上的士，我們
便輪流叫她收聲，繼續持咒，她只能斷斷續續地邊哭，邊持咒，邊
嚷著要的士……誰知，不知是否「天從人願」，女友人的吵嚷得到了
「感召」似的，真的有一輛的士從港鐵站方向那邊向我們迎面駛過

來,那時剛好過了15分鐘的路程,我記得住持師傅說過,如果已走了15分鐘,就不上的士也罷。

但當這位女友人見到那輛的士,便發狂似的甩開我和男友人B的手衝向的士方向,無論我怎樣喝她回來,叫她不要上車她都好像聽不到,而一直都追求女友人的男友人B也好似眼神迷糊地跟着那位女友人走近的士,準備上車。就在這時,我發現這輛在我面前打開門的的士居然是一輛車身全黑色的的士,我擦了擦眼睛,明明這輛的士的車身有着實體的士的金屬反光面和質感,也有引擎運作聲,但為何在那種仍有足夠燈光可以分辨事物顏色的情況下,車身居然是全黑色?當我向上望,發覺連車窗都有古怪,好像比正常的士車窗深色,帶點暗茶色的,我把頭哄去車窗看看車內,更恐怖的是,這的士裡居然空無一人!連司機位都無人!即是一輛無人駕駛的黑的士!

這時我這邊的車門已自動打開,準備等我和男友人A上車,就在這千鈞一髮的一刻,我呼喝這兩位已走出馬路打開車門準備上車的友人不要上車,不知何解連拖着我的男友人A都好像完全聽不到我的呼叫,我便拍打這位男友人A,又打又推,叫他阻止他們上

車，這位男友人A才開始清醒過來，大吼一聲叫：「走呀！不要上車！」他們兩位才抬起頭望向我們，我們兩人便衝去拖走神情呆滯的他們，叫他們繼續持咒，我們亦不敢解釋那麼多，繼續拖着大家的手，繼續持着經咒走下去。走多5分鐘左右，開始漸漸見到有車頭燈從我們身後投射過來的光芒，亦聽到汽車從背後駛過來的聲音，那位心神依然恍惚的女友人忍不住回頭看看，她說有的士，但我和男友人A都一致表明不想上車，因只有10分鐘左右的路程便到港鐵站，想堅持下去。但那個女友人好像近乎虛脫，又忍不住去截車，哀求着我們要上的士，當我和男友人A觀察過那輛的士後，互相交換了一個眼神，覺得這輛不是鬼的士，又確定司機和車裡並無異樣，便一邊持着經咒，一邊拉著另外兩位友人上的士。我一上到的士，便一邊持咒，一邊用手機打信息，提示他們一邊要持着經咒，一邊留意如有任何異樣，要跳車都要一齊跳，而坐在副駕駛座的男友人A和我則一邊審視和監察着司機和週圍環境有沒有異樣，好不容易，我們終於到了天水圍港鐵站。

　　我們下車後都一直不敢停止持咒，直到進入港鐵站入閘後才敢鬆一口氣，停止持咒。我立即跟女友人和男友人B講黑色無人駕駛的士一事，但他們倆說完全不覺得那輛的士有任何異樣，他們見到

的是一般正常的新界綠色的士,亦無察覺到內裡並無司機。我問男友人A爲何當時不立即阻止他們,他卻說他見到的不是我眼裡所見到的黑色的士,而是一輛紙紮的士!只是他沒想到一輛紙造的士居然會在馬路上「咔唰,咔唰」的,紙造的車身帶着折痕和凹凸的紙痕慢慢的行駛到他面前,他當時被嚇到頓時愕住了,不懂得反應過來。但老實說,我卻完全看不出,亦感受不到那輛的士是紙紮的,除了只發現到車身是全黑色,玻璃窗是茶色和無人駕駛外,我根本發現不到其他不妥的地方。

當女友人和男友人B知道我和男友人A看到的是鬼的士後,他們驚恐得完全不懂反應過來,如果我們沒有及時阻止他們上那架鬼的士,後果可能眞的不堪設想!

但,故事仍未完,原來,當我們上了第二輛「眞」的士後,坐在副駕駛座的男友人A在倒後鏡發現了車尾廂有一對女人腳伸了出來,一上一下的踢下踢下,卽是好像有個人被夾在車尾廂裡,只露出了兩隻優哉游哉,像在踢水般的女人腳出來,而他肯定,那是一對靈體的腳。聽罷,我們三人都卽時問他,那位的士司機找贖給他的錢是否陰司紙。幸好,我們一起檢查過後,那些找贖全是「眞錢」。我亦立即致電給住持師傅報平安,並告訴她剛才的怪事,師傅說

那輛黑的士一定是鬼的士，分分鐘是來找替身，這可能是因為女友人在當時因為剛從病塌中康復過來，神智仍未夠清醒，陰氣重，體質弱，加上她太過驚恐所造成的負能量而引來了那輛鬼的士，幸好我們沒上車。至於第二輛的士的那雙車尾箱鬼腳，師傅說是鬼也一點也不出奇，因為流浮山那一帶幾十年前死了很多由大陸游水偷盜來港的內地人，而且那個位置又是交通黑點，經常有車禍發生，被車死在那裡的人多不勝數。加上沿路又有海鮮養殖場和宰豬場，又有一個有骨灰龕位的道教道場，還有幾個廢車場，形成了很重的陰氣、怨氣、敗壞之氣等負能量，因此，此路非常猛鬼。猛鬼得這條路的小巴線，不斷有小巴司機辭退夜班職務，久久都請不到夜班司機來營運夜間小巴線，因而把這條往來天水圍港鐵站的綠色小巴專線的尾班車時間縮短，提早到晚上10.30為尾班車時間。正當我們以為一切都告一段落，真相大白之際，原來更恐怖的事仍未出現⋯⋯

大概七日後的一個周末的上午，我被手機的一個來電驚醒，是住持師傅打來的，她緊張的問我有沒有看報紙。原來她看到一則報導，在那晚出現鬼的士的地方附近發生了車禍，剛巧身亡的都是兩男兩女，我連忙開電視看新聞，但我們都發現電視新聞並沒有報導，只有在師傅看到的報紙裡有一則細細的報導，師傅說：「看

來，那輛紙紮的士眞的是來找替身的。」後來，我都不敢再找報紙追查這意外的新聞，因爲實在令人越想越心寒，不敢再去想這件事。

至於另外三位友人，男友人A在不足1個月時間無故患了精神病，男友人B則入了一個邪教，行爲怪異，師傅都叫我和女友人少接觸那兩位男友人，而女友人則隨家人移民了，三位都沒有再聯絡，連那位住持師傅都好像回去了大嶼山潛心修行，沒再聯絡了。

本故事純屬作者個人親身經歷，如有雷同，實屬不幸。

檔案2：電梯裡的人頭

相信每個人都乘搭過電梯，但未必每個人都試過被困在電梯這種密閉空間裡。可是，如果被困在電梯之同時發現有異度空間的眾生陪着你一起被困，甚至發現它 (們) 是你被困電梯的「幕後黑手」，你又會怎樣辦呢？

五年前的一個晚上，因工作而夜歸的我，一如既往的很順利、平安地回到家中。但正當我洗漱完後準備跳到床上睡覺時，我突然想起我忘了買一些東西，所以便衝出門去樓下的便利店購置。

很快，電梯門打開了，電梯裡空無一人，因這時已差不多零晨12時了。電梯門徐徐關上後，電梯開始往下移動，但不到五秒鐘，電梯突然停了，顯示屏仍顯示着我所住的樓層。

正當我打算按求助鈴時，我見到電梯門的右上角有一個男人人頭，卷髮、有少許鬍子、粗眉、長細眼，對着我奸笑，我就知道是他故意讓我困在電梯裡的。因是人生第一次被困電梯中，而且又累，又急，所以心情不能安住下來，加上這男靈體明顯來者不善，我便產生了恐懼，開始唸六字大明咒，希望他快點走，不要再惡搞

我。誰知我越唸他越笑，我覺得他完全對我唸的六字大明咒不抗拒，我便跟他說：「我並不想傷害你，但既然是你挑釁在先，就不要怪我不客氣。」於是，我便開始運用我剛接受灌頂的法門 (密乘佛教)，觀想自己爲那位本尊，手持那本尊一模一樣的法器，觀想自己擺着那位本尊的姿勢，心裡念出那位忿怒尊 (密乘佛教的專有名詞) 的降魔心咒，結果我未念完第三遍，電梯立即恢復運作，那個人頭亦消失得無影無蹤。

宗教小知識：

何謂灌頂？

　　密乘佛教 (密宗) 裡的灌頂是指密宗上師 (阿闍黎) 授權弟子可以學習某一種法門的儀式。不空解釋說：「頂為頭頂，表大行之尊高。灌為灌持，明諸佛之護念　（守護憶念）。如不灌頂而學，即是盜法，不但得不到成就，得了成就也要下地獄。」

何為忿怒尊？

　　忿怒尊是佛教護法，是本尊的一種。它的外貌兇惡，具備強大的威力，可以降伏魔神，保護修行者。穢跡金剛、四大天王、明王，與藏傳佛教的赫魯嘎等，皆屬於忿怒尊。佛教認為，忿怒尊是諸佛菩薩的化身；與寂靜尊合稱文武百尊。佛對於極剛強不講理之眾生，與為了降伏頑惡天魔、鬼神、夜叉、惡人，以防其侵擾學佛行者，損害佛、佛法和僧侶，而示現忿怒相使其歸伏佛法，不再繼續作惡。

爲甚麼我沒有把忿怒尊心咒唸出聲來?

正因爲上述的簡介所說,忿怒尊們是爲降伏頑劣衆生而化現,祂們的殺傷力也相對較強,如果我唸出聲會對那位靈體傷害太大,亦會間接傷害其他無形衆生。所以要修忿怒尊必需先有慈悲心,否則濫用,亂用都可能會誤傷衆生,種下惡業。

以經咒保護自己

其實那位靈體好像不怕六字大明咒,這並不是六字大明咒效力差,而是我當時唸六字大明咒時不夠安住,心中充滿恐懼,但到我念忿怒尊心咒時,因我以觀想 (即想像) 自己已是那位忿怒尊,沒有了恐懼,這樣效果最大,因而令那位惡靈知難而退。因此,念一個經咒的效果和功德力,跟持咒者本人的心念和有沒有恰當的觀想有很大的關係。而密宗亦是一個非常重視觀想的佛教派別,所以要修好密宗的法門絕對不是易事,還要講究正確的發心呢!

參考資料來源

dictionary.chienwen.net

wikipedia.org

檔案3：電梯裡的人頭(下)

上一個檔案講到那個電梯裡的人頭在我念到第三句忿怒尊心咒便消失得無蹤無影。在此事的半年後左右，我再與他相逢，但他這次的態度卻180度大不同了。

自從我接受了一位大德 (一位西藏人仁波切) 的灌頂，我發現我生活上開始出現了微妙的變化。

首先，我感到我的這位灌頂上師變成了少少透明的，每天都在我的右上方，我去哪裡他都去哪裡，而且感到有一個很小的佛像坐在我的頭頂上，是深藍色的，但樣子是我的灌頂上師的樣子，黏在頭頂上。這位上師(他是佛菩薩的化身，亦是被多位德高望重的大德認証的轉世活佛)，我感到這個變化，讓我充滿佛法的加持和安全感，心情亦比之前更穩定和安逸。

而自這個變化開始後，我間中見到的眾生，無論是地縛靈、路過的虛空過往、芭蕉精等都向我畢恭畢敬地點頭鞠躬，然後瞬間消失，與以前向我求助和更早期遇到眾生的情況是完全不同感覺和 「待遇」，包括那位令我困在電梯裡的男靈體。

　　話說當我出現這種變化後的某一天早上，我準備搭電梯出發上班去時，遠處已見到那位「電梯裡的人頭」男靈體，但這次他示現了全身給我看，還向我報以一個友善的笑容，再非常虔敬地向我鞠躬，然後主動為我按電梯，結果我一走到電梯門前，不知是巧合，還是他「安排」，電梯門便自動打開，當時我還有點猶豫他這樣「無事獻殷勤」的態度會是甚麼玩法時，他便從我身邊消失。在趕着上班的情況下，我無暇多想，唯有戰戰兢兢地進入這部無人電梯，一邊心裡默念心咒，希望他不要再整蠱我。幸好，最後我都能順利上班去。到我當日下班回家時，我已遠遠見到他站在我住所大廈的正門前，又向我微笑鞠躬，還幫我打開門 (絕不是自動門，是一定要用力拉開的那種)，這次我在心裡跟他說：「真的很謝謝你！但我真的不需要你幫我做這些，我亦不想再見到你。」說罷，他立即在我眼前消失，自此之後亦沒有再見到他。

　　我覺得發生這種變化，應該是跟我受了灌頂和灌頂上師有關，那些眾生其實應該不是向我鞠躬，而是向我頭頂上的佛和我身邊的「無形」上師鞠躬。後來，我更發現那位經常黏着我頭頂，有着上師面容的佛像，原來是我上師的前生，這尊佛的其中一個化現就是我的這位灌頂上師，真的實在太奇妙了！

在密宗的角度來看，這叫「上師相應」，卽跟自己有深厚緣份的上師有密切的意識相通，低俗些說，就叫「夾唔夾」。在密宗的世界，一個人可能終其一生都未必能遇上一位與自己眞正相應的上師，如遇上就一定要好好珍惜，並好好跟這位上師學習、修行，這種上師能給你最大的啓發、頓悟，甚至能帶你解脫輪迴。因此，我很感恩能遇上一位好上師，我會好好珍惜。

檔案4：樓上的吊頸姐姐

兇宅兩字向來令人非常抗拒，但我認為，對以下五類人來說，他們是不抗拒買或住兇宅的：

1. **不相信、無神論的人**：不信有鬼的人，何來怕鬼？兇與不兇都不放在心上。
2. **窮人**：因對他們來說，窮鬼比甚麼鬼也可怕，在香港，最重要是有瓦遮頭。
3. **投資者**：專抄兇宅的人，大有人在
4. **有非常強的信念的人**：堅持覺得沒做虧心事，沒傷害對方(靈體)，沒甚麼可怕
5. **對自己的宗教信仰非常堅定的人**

而我的父母就是第四類，各位讀過上述檔案的讀者都知我媽媽多次以她的民間信仰幫我在靈異事件上一一化險為異，其實她並不是虔誠的佛教／道教信徒，而是她堅信只要行得正企得正，並沒有甚麼是值得過份恐懼，也沒有甚麼是解決不了而已。因此，即使我們住的大廈有好多人自殺，甚至只是一個天花板之隔，樓上的單位正是一個兇宅，我父母都不覺得可怕，亦從沒有擔心過，而這個信念亦一直影響着我的成長，直到有一次……

　　我成爲了密宗 (藏傳佛教) 的信徒之後第二年的一個晚上，我對父母自小灌輸給我的這個信念更爲加強，亦令我對自己的宗教更有信心。

　　自小我便看到、聽到靈界衆生，甚至可以溝通到，連神都有過接觸 (第二章-檔案3)，所以早已對靈體見怪不怪，加上小時候媽媽用她的土炮方法，以冥錢掃我身體令我磁場更陰 (所以不鼓勵讀者隨意效法)，見鬼似乎已成爲我生活的一部份。

　　但一切似乎由我開始正式成爲密宗信徒而改變。以前遇到靈體，不是不小心撞個正着，就是被靈體刻意騷擾，甚至是差點被靈體奪舍或上身之類，但自從我正式信奉密宗後，撞鬼的次數已漸漸大幅減少，但令我更意想不到的是——居然會有靈體向我求助。

　　有一晚，我突然在睡夢中醒來，感覺有一種壓迫感由上而下向在床上的我一步步地吞噬過來，腦中見到一幕幕的，不停變形的靈體閃來閃去，便知有靈體要找我，但並不是鬼壓床，我仍可以自由動彈身體。漸漸地，見到一個女性靈體站在我的床邊，只見她兩眼突出，充斥着血絲，雙眼突出的程度像快要掉下來，舌頭亦長長地

在嘴邊搖搖欲墜。見到她這個樣子,便猜到她是吊頸而死的亡靈,便問她是否住在樓上吊頸自殺的姐姐。她說:「是。」

我問她,做了這麼多年鄰居都沒找過我,今晚突然來找我,是否有事情想我幫忙?

她說:「是。」

我說:「但我又不是甚麼高僧大德、又不是甚麼宗教界專業人士,亦不是一個虔敬的修行人。我真的不懂怎樣,亦無能力幫到你。另外,你這個樣子非常恐怖,可否給我看你死之前的正常樣子?」

於是,她給我看 (讓我在腦海中像看影片般) 她自殺的原因和過程,才知道她是為情自殺,她以死前清秀的樣子跟我說她幾十年來都走不出這個地方,她其實很想走,因為她很痛苦。她之所以找我,是因為她知道我早前在家裡燒了大量密宗的超渡咒輪給自己的祖先,所以她想我也燒超渡紙給她。但我就開始擔心,她會否無限苛索?很擔心她日後一有甚麼東西想要,就來煩我或我的家人,像收

「保護費」般，不停向我苛索。

　　她的「他心通」立即知道我在想甚麼 (所有鬼都有他心通的，卽超越任何語言的障礙，立即知道對方心裡在想甚麼，有甚麼感受的能力)。她跟我說其實她只需要一張便可，但我不敢相信，爲求她不要再找我求助，我請她再三想清楚究竟想要多少，還有甚麼想要，並一次過說給我聽，大家協議好，我才安排燒給她。但她多次強調只要一張便夠，我眞的大惑不解，明明這是一個大好機會讓她「勒索」我，爲何不要多一點，她便跟我保証，我燒了一張咒輪紙給她，她以後都不會再來煩我，更不會滋擾我的家人。我見她一點也不貪心，便主動跟她說：「好吧！我就燒一張給你，你遵守諾言，而我亦見你可憐，以後我所做的功德都自動迴向你早日超升，早日投胎，好好做人。」她想告訴我她的名字，但我拒絕，我不想知，因爲我不想跟她有太多連結。她亦都尊重我，咒紙和我以後的功德都會自動迴向給她，佛菩薩作証啊。

　　幾日後，我在家的浴室把一張咒紙燒了給她，燒之前請佛菩薩幫我確保這位吊頸姐姐圓滿收到，自此之後，她便遵守諾言沒有出現過在我面前，她的家人亦沒有再三不五時把冥錢撒出窗外，可能

她得到了那咒紙的安慰,怨氣都少了,直到有一晚⋯⋯

　　那晚我在家中修煙供,作上供下施 (即燒一些煙供粉,先供養諸佛菩薩,再以佛菩薩之名下施眾生陰靈),那一刻隨着一縷縷煙向上升到天花板,令我忽然想起一個天花板之隔的這位曾經住在、死在樓上的吊頸姐姐,誰知我意念一想到,這位姐姐就被我的意識「邀請」了下來,雖然她的面容比第一次見她正常多了,但我都嚇得立即刻請她返回樓上,忙着向她解釋只是無意中想起她,但以後如果我又想起她,希望她都不要出現在我面前,她再應承了我這個要求。這次,真的沒有再見到她了,即使我有意無意再想起她,她都沒有再出現了⋯⋯也許,她在遵守着對我的諾言,也許,她可能真的成功超升了,要去一個真正屬於她的地方。

　　這段親身經歷,令我覺得鬼並不可怕,有時人反而更加可怕。因為好多人都未必做到這位吊頸姐姐的不貪念,和對諾言的尊重。這不是一種令人敬佩的品德嗎?

檔案5：手袋裡的人頭

　　相信很多有靈異體質的人都見過靈體，但你們有沒有想過爲何自己會見到？又或者爲何有人會被靈體跟？爲何有些靈體可滋擾、攻擊或甚至向某些在世的人尋仇呢？請記住，靈體們本來就是無處不在的，不同空間的衆生其實是重疊在一起共存的，但偏偏給你遇上，必然事出有因，只有你跟他/她累世/現世或你的祖先/家人累世/現世跟對方有關連、牽扯或冤結，在因果業力上，對方絕對出師有名「攞正牌」來纏你、搞你。而我在見到靈體纏人時，會無意發現靈體與被纏繞人士的冤結。其中一種，便是嬰靈，又稱水子靈。

　　有一天我在下班回家的一程巴士上，準備下車之際，見到一個和我一樣準備下車的女士的手袋裡，居然露出了一個人頭！初時，我以爲是一個洋娃娃，細看發現原來是一個滿面皺紋、皮膚紅紅、頭髮濕濕的小頭，是一個初生嬰兒的頭！他的頭上彷彿仍黏着胎脂和胎垢，我就知道這是那位小姐的嬰靈。雖然嬰靈緊閉着雙眼，像一個睡著的小嬰兒，但他給我的訊息是：他並不是自然死亡，而是被謀殺，被墮胎的！我心中念了幾句六字大明咒，希望這小孩早日放下執着，找一對好父母投胎。

　　但其實眞正能直接幫到嬰靈的是那位女士，可能礙於宗教信仰

或其他原因,令這位媽媽沒有在墮胎後為嬰靈做任何超渡,但這位嬰靈的怨恨告訴我,他的媽媽連一點愧疚的心也沒有。這我也沒有辦法,因為事不關己,我也不能多事。

自此之後,我偶然都會見到不少男男女女,無論手袋上、背包上,手推車上有個濕濕的嬰兒頭,我便知道那位人士應該曾流產 / 墮過胎,又或是在「養鬼仔」。可能你會問:「男人都會被嬰靈跟?」當然會,如果他強迫女方墮胎或令他人的嬰兒非自然死亡,怨氣自然指向他,須知道,這個宇宙的因果定律是不會冤枉好人的。你做過甚麼事,自然就有甚麼業報。你種下甚麼因,自然得甚麼果,連佛陀也逃不出因果定律的規則,我們會逃得過嗎?

至於養小鬼的人,那些跟著主人們「出行」的小鬼是與一般因流產或被墮胎的嬰靈很不同的,那些被法術控制住的小鬼,通常膚色偏暗灰,有些較邪的會呈暗藍,甚至有經咒像紋身般呈現在他們身上,面目亦相對較恐怖。

試過有一次,一位出家女師傅跟我說她新認識了一位女性功德主,有八個小孩像七星拱月般跟着她周圍走,其中一個是外形像上

述所講的那種，非常特別的，便是她養的小鬼。後來得知她從事性服務行業，就明白爲何她有那麽多的墮胎嬰靈和要養小鬼了。據聞，從事這類行業的人士都有養小鬼的傾向，目的是幫助做生意，至於效果如何，就不得而知了。

其實，天生靈異體質的我，到今天爲止依然不想與靈異的衆生有交接，更不想無意中就這樣知道了別人的事情，幸好，我後來可以控制到自己看與不看那些衆生，基本上我不想看，我就可以控制到關上自己的「眼」，而不會見到鬼。所以，基本上，我現在都很少見到上述的情況了。

檔案6：密宗的隱術

　　這是十年前的一件往事，雖然並不恐怖，卻令我至今都難以忘記。

　　有一天，我和一位顯宗的比丘尼（已出家的女師傅）及一班信眾，一起趕着從她位於流浮山的寺院分兩部私家車出發前往市區參加一個法會（一部七人車，一部四人車)，誰知中途其中一位信眾的車壞了，但天氣開始轉差，那裡交通亦非常不便，法會又不能遲到，於是從四人車出來的四位信眾就登上七人車，讓七人車的小孩和比較瘦削的女信眾坐在其他女信眾的大腿上，即超載地繼續出發，同時急召了另一位信眾的朋友開車在途中接載我們。雖然法例上不能超載，我們為了應急，當時別無他法。我們當中有一位密宗的法友，提議接受過摩里支天法門的法友們可一起修這本尊的心咒，因為這法門可以幫助出門順利，甚至有隱身的作用。於是，當時有修這法門的師兄姐們便一起打摩里支天的手印和念心咒（註：未曾接受灌頂的人是不能念誦其心咒或打其手印)。

　　正當快可匯合另一位信眾轉車的時候，遇上了封路，交通警過來查車，我們整車人都慌了，因我們這架七人車明顯超載，但正在念咒的法友依然專心地持咒。眼看兩位交通警「左右夾攻」，

從兩邊走過來透過車窗望入查看，奇跡發生了，兩位警察查看了一會都好像看不到我們大腿上明顯坐了幾個超過六歲的小孩和成人，然後就讓我們過路了。最後，我們很順利到達目的地。一步入會場，天空才把蘊釀已久的大雨傾瀉下來，我們的法會非常圓滿。

　　之後，我再從仁波切口中聽說很多有關摩里支天的真人真事，有些信眾戴着摩里之天的護身物都可成功避免交通意外，有些護身物會在事主出事前有異常，例如會爆開或從包裝完好的利是封中「破封而出」露出來，以提醒事主避險，都能成功保護事主，真的不到我不敢相信。

重要聲明：
本檔案純屬作者個人親身經歷分享，並無刻意宣染某宗教/導人迷信，亦無涉及任何商業／團體利益。

檔案7：巴士鬼乘客 vs 港鐵鬼乘客

相信各位香港人都坐過巴士和港鐵,但你又有沒有想過,如果坐車中途遇着鬼,你們會如何應對?如何「逃生」呢?

巴士怪異錄(一):

雖然港鐵長年在地底運作,不見天日,理應更陰森恐怖,但以我個人經驗來說,坐巴士比坐港鐵更容易見到靈體,可能是我通常在繁忙時間坐港鐵,人流非常多和擁擠,人來人往,相對陽氣流動性較強吧,我沒有去深究。但每次我在巴士上遇到的靈體都不算是很恐怖,最恐怖的一次是只見其聲,不見其「鬼」。

最近一次在巴士上遇到靈體而又有直接對話交流的是三年前的一夜。我因太累,在巴士上層睡着了,一個人睡到總站,連車上的燈全關掉了,我也不知道,直到一個少女用她的頭貼着我的面,與我的臉只有幾公分的距離,對着我說:「你仍在睡?要下車了。」我一張開眼睛,發現一個半透明,帶灰白色面孔,面上有傷口,有着一對水汪汪的大眼睛的少女,正把她的頭哄過來,並用她一對大大的眼睛好奇地瞪着我,我才知道自己昏睡到忘了下車。我連忘向她說聲謝謝,便衝忙地滾到下層,雖然那位女靈體沒有跟着我下車,但見到巴士裡漆黑一遍,我焦急地不斷拍門,叫道:「我未下車

啊⋯我未下車啊⋯⋯」幸好，有位車長剛巧經過，為我開門，讓我下車，之後亦沒有發生甚麼怪事或不順心的事，相信那位女靈體只是好心叫醒我而已。

巴士怪異錄(二)：

四年前的一晚，我又在巴士睡過頭，到了總站還未醒來下車，但這架車是另一路線，亦沒有好心鬼叫醒我。我是聽到有幾個「人」在談話而被吵醒的，有一位較年輕的男士說：「她仍在睡。」一位較年長的男士回應：「居然睡到現在仍未醒來？」之後我睜開雙眼，赫見原來有一家大細的靈體和另一位男乘客靈體正坐在另一排椅子看着我睡並一直等着我醒來。我知道我原來耽誤了他們在車上「開派對」。因此，我又立即衝到下層，這次幸好車長仍未關燈，那些靈體們亦沒有惡意，我之後亦沒有甚麼不好的事發生。

巴士怪異錄(三)：

這次全程都沒有鬼看，但很詭秘。這事發生在去年，即新冠肺炎疫情爆發後的第二年，我在灣仔上了一架過海巴士，一上車我就走上上層用當時新學的方法去結界護身，一來不想感染肺炎，二來不想被任何負能量影響到自己。以我坐這路線的經驗，這輛巴士在

黃金時段去到銅鑼灣某大百貨公司的站就例必全車滿座,有時可能連站立的位置都擠得滿是乘客。不知是否我結了界,還是有另一些原因,坐在上層的我,見到陸續有乘客上來上層,逐漸坐滿坐位,有些後來上來的乘客可能因為太累,不甘心在上層找不到坐位退回下層,還從車頭走到車尾,逐行、逐個坐位去「巡查」,看看可否發現空位。奇怪的事發生了,我坐在右排、中段的靠窗坐位,我身旁的座位明明是空位,但始終沒有人發覺我身旁的位置是空櫈,就連那些積極找位子坐的客人,他們逐行查看,均好像覺得我身旁位置是有人坐的。正當我想跟最後一位走上來找座位的乘客說可以坐我身旁,他已匆匆地走了。就在這時,我發現我身旁空位的後座,坐着了一位較高大的男乘客,他用一個詭異的眼神看着我,又看看我身旁的位子,又再看看我,彷彿他都意識到全車人也誤以為這個空位已坐了人,而事實上根本就無人坐!在我和這位男乘客的眼神交流裡,彷彿大家都發現全層乘客只有我和他知道我身旁的座位是空櫈,而其他乘客都以為有人坐。究竟他們看到了甚麼而沒有去坐我身旁,還是另有原因?

我跟教我結界的老師談起這件事,這位老師是已開天眼的,她覺得並不是有靈體坐在我身旁,可能是我的結界有關,因為我當時

一路開結界，一路祈求所有負能量都不要來到身邊，可能當時車上的人都太負能量，而這結界又應了我的觀想和願力，所以無人發現我身旁是空位吧……但究竟真相如何，我們都沒有再深究。這程車因為多了一個空位給我放我的大手袋，實在令我輕鬆了不少……

巴士怪異錄(四)：

　　時間倒數回初中的時期，那是一個考試的日子。由於早上八時開考，九時半已考完，所以10時左右我便坐巴士回家，一切都很順暢，但坐車的人亦不少，有不少下層乘客都要站着，沒有位置坐。當我走到下層準備下車，而巴士準備到站停車的時候，突然巴士下層有一把好淒厲的女聲嘶叫出來。一把拉得很長、很高音，嘶叫得很詭異的女聲令所有下層乘客都嚇呆了，無論站着、坐着的乘客，準備下車的，還是在睡覺的乘客都四週張望，當然我也不例外，在這把嘶叫聲仍未停之前把握下車前的時間看過究竟。但，無論我和其他乘客怎樣張望都看不到聲音的來源，令乘客們的面上加添了一份恐懼，亦令整輛車的氣氛加添了一分詭秘。就在這時，巴士停下來了，在車門打開前的一瞬間，我向車長方向看了一眼，原來車長都聽到這一詭異的嘶吼聲，探頭來查看。車門打開了，透過和車長的一個眼神交流，感到他眼神的迷惑和一絲絲驚恐，再回頭看看，

其他乘客們依然四處張望，乘客之間互相交互着大惑不解而又恐慌的眼神，彷彿大家都找不到聲音的源頭，令整個車廂充滿了詭異而不安的氣氛。幸好，這個時候我要下車了，一切謎團就留待這趟車的乘客和司機去解開吧……

港鐵鬼乘客：

我人生第二次見到非常實在的靈體是繼第三章·**檔案1「踮起腳跟的女人」**裡，中學時期見過的電梯女鬼之後，在我踏足社會工作後於港鐵車廂裡的遭遇。

我無法記起是哪一條港鐵路線，只記得我從未見過一個「人」形物體可以有一條幼到完全不成比例的頸項。

那天，我記得自己在港鐵車廂裡找了一個位置坐下後，正無聊地東張西望之際，我赫然發現，右邊的車廂門旁，站着一位奇瘦無比的「奇女子」倚着車門側的透明玻璃站着。她穿着一套淡粉紅色的上班族行政套裝，蓄有一頭短直髮，戴着一副金絲眼鏡，瘦得眼睛凹陷，頸項上繫着一條打了蝴蝶結的領巾作裝飾，很是一番飾心打扮。而正因為那條別緻的領巾，我發現她的頸項異常地幼，不是一

般純屬身形瘦削的那種幼，而是完全不合符物理現象的幼，幼得彷彿快要斷掉似的。我再三擦了擦眼睛，完全不敢相信眼前的這一條是「頸」，也完全不顧右手旁那位男乘客的感受，隔着他的身軀，我把頭伸去他身旁那塊玻璃看；那男子也跟着我朝向同一個方向望，但＼他卻好像看不到甚麼，察覺不到對面玻璃正站着那位女子。我顧不了那麼多，再把頭伸得更出，整個人都差點兒跌出座位去看，果然真的是像一枝麥克風手柄般幼的一條頸！一條不可能屬於一個正常成年女人該擁有的一條頸的粗度！

在我大驚之下，本來無留意我的她，赫然發現我原來一直這樣盯着她看。她的第一個反應不是驚恐，而是報以一個可怕的表情，用她那隻大大的、充滿惡意的眼睛狠狠地瞪着我，顯然不喜歡我這樣看她。她一邊兇神惡煞地瞪着我，一邊用她那隻瘦得像枯萎樹根的手摸一摸，移動一下領巾，彷彿不想我發現她那條幼得詭異的頸，我亦不敢再望她，把頭立即別去另一方向，但不到1秒，又忍不住轉個頭回望她多一次，誰知她已消失得無影無蹤。在1~2秒之內，列車又未到站停下過，她是如何消失呢？我身旁的男乘客為何好像看不到她呢？

　　直到早前我在Bow哥（鬼故黃）的網台做嘉賓時提及這件事，他說那位可能是餓鬼道的眾生，因只有餓鬼道的眾生才會有一條特別幼的頸項，咽喉細如針，令他們進食得特別緩慢，怎麼吃也得不到飽足。有些餓鬼道的眾生想吃或喝甚麼，來到他們的嘴巴都會化作一團火焰，令他們不能吃喝，痛苦萬分。有些法事可令他們這種難以吃渴的業報得以解消，令他能一嚐飽足，如佛家的「放焰口」、「蒙山施食」等。我現在回想起來，不會再覺得那位細頸眾生可怕，反而覺得她可憐。希望我不會再遇上那位眾生，更希望所有眾生能得到溫飽與安逸。

檔案8：降頭驚魂三則

第一則 頭骨碗與復仇降

10年前左右，有一對做生意的夫婦緊急求見一位從印度來港的西藏仁波切。事緣那丈夫突然全身長滿膿瘡，由頭到腳都帶着血水黃膿班駁不堪、血肉模糊的膿瘡，可謂滿目瘡痍。他痛苦萬分，遍尋各路名醫，試盡坊間各式秘方，都藥石無靈。單看他的臉已不堪入目，衣服底下不斷地滲着血水和糊着黃膿，可以推測他根本完全不能正常工作和生活。

夫婦倆一見到仁波切，便立即跪下來，哀求仁波切救助，仁波切說這位先生是被人下了降頭才這樣。夫婦倆便請求仁波切解降，但仁波切說必須要他先自行誠心懺悔，才能幫他。因仁波切用天眼見到這位先生因爲生意利益關係，對人家做了一些不公平且卑劣的事，所以才遭人下降報復，人家是出師有名地報復，所以仁波切要他必須先承認自己有錯，誠心懺悔，才能出手幫他。雖然仁波切沒有明言這位先生做過甚麼卑劣的事，但仁波切這樣一說，這位男士都眼神閃縮，心中有愧般，不敢正面望着仁波切，好像已知道自己因做過一些損人利己的事才遭受這樣的報復，便立即向仁波切懺悔(密宗有專門懺罪的法門和經咒，爲行者清淨罪障)。仁波切見他已

誠心懺悔,便命人從壇城 (密宗的佛壇) 拿起一個嘎巴拉 (人骨碗)[1]過來,仁波切對着嘎巴拉念念有辭,再撒上一些米之類的東西,然後點火,一瞬間整個人骨碗都炸出熾燃的火焰,仁波切再繼續對着燃燒中的嘎巴拉念念有辭,然後用一塊布蓋上這個盛着熊熊烈火的人骨碗,火焰便熄滅了,整個過程不用10分鐘,那男士開始覺得身上膿瘡流出來的血水和膿漸漸乾涸了,痛楚和痕癢也漸漸減少了。從那天晚上他開始漸漸痊癒,不到三天,爛肉已埋口,開始長出完好的皮膚,降頭便這樣解除了。

自此之後,這對夫婦成為了虔誠的密宗信徒,而男方呢?相信他經此一役,覺醒到天理循環,因果不虛的道理,雖然用降頭咒術害人是有罪業的,但他明白到在因果不虛的法則下,都不應傷害他人的道理。更何況,他已成為密乘弟子,更應該緊守密乘戒律,不應再做那些損人利己的行為!

註1:藏傳佛教(密宗/金剛乘,俗稱喇嘛教)有一種法器叫「嘎巴拉」,是由人的頭蓋骨做成的一種骷髏碗(人骨碗),是密宗常用法器之一,通常在灌頂法會時,用來盛戴酒(被稱作「甘露」)讓求法者喝下,然後授予密法 ; 平時則盛戴着甘露,放於壇城上作供養。我本人都有一個放在家裡的壇城上,但你們不能隨便在佛具

店或賣藏傳佛教物品的店舖／攤擋買回來，因為要由懂得計算使用者命格的仁波切或喇嘛去找匹配的修行有成的喇嘛的頭骨，根據請供者的時辰八字和死者的遺願，再經過卜卦確認，在合乎藏傳佛教的步驟下對該頭顱骨經過一輪制作與修法，制成嘎巴拉，才能給匹配的使用者使用。因始終涉及屍骨的一部份，必須小心地依循密宗的正規途徑請供，不是當一般精品擺設隨便買下的。

我本人早年就向一位不丹的活佛仁波切請了一個嘎巴拉，還有一個人皮鼓，是要用兩個死者的天靈蓋相背接合，兩面再蒙以人皮，塗作綠色，於修法中，配合頌讚時，配以金剛鈴杵使用。當年我請供這兩個人骨法器時必需先提供自己的生辰八字，預早時間讓仁波切推算幫我搜尋合適的人骨制作，再親自去不丹請供，經過超過1星期大法會加持，再帶回香港。

不少藏傳佛教的法器都是用人骨或人皮造，看似很恐怖，但其實是體現空性和無常的意思，意義深奧，不是三言兩語就能說得明白，所以不在此詳述。

第二則 我的中降經歷──情降+鬼降

有人說，當今世上要找一個兩情相悅的人很困難。但我說，在天時、地利、人和下找到大家都兩情相悅，能廝守終身的人就更難！

　　五年前,我在台灣認識了一位男朋友,大家兩情相悅,並到了談婚論嫁的地步,對方無論在個人抑或家勢方面都比我條件好得多,可以說是竹門對金門,當時的我感到自己像灰姑娘一樣無比幸福。但亦因為對方的條件實在太好,自然有各路雌性動物對他虎視眈眈,自動送上門。尤其是台灣女子比我這種香港女子更懂得撒嬌、哄男人,所以我母親當初都不贊成我這段遠距離戀愛。

　　果然好景不常,在2019年尾~2020年頭遇上新冠肺炎封城,我和他只能用zoom相見。在超過一年的分隔異地下,我感到的不只是和對方開始感情轉淡,更發現他的氣色越來越差,面上蒙上了一層灰氣。而他的性格亦開始變得有點古怪。與此同時,我開始見到自己身旁有隻小鬼,那隻小鬼經常在我的耳邊叫我自殺。

　　當時我聯想不到這隻鬼跟降頭有關,更聯想不到這鬼跟我的台灣男友有關。但我身邊一直不乏從事身心靈、道教法科及密宗的修行人朋友,開始有朋友覺得我有點不妥,我才講出自己日日夜夜被鬼叫我去自殺的困擾。學心理學的我已排除了其他因素,加上本身已是靈異體質的自己確認不是心理或精神問題,而是真的被陰靈騷擾,於是有幾位完全不同門派,互不相識的師傅分別用天眼及不同

的占卜法門起卦，都不約而同地指出我被人落了鬼降，而這鬼降是跟我的台灣男友有關！

原來我的台灣男友當時被一個台灣女人用泰國法科下了情降，同時在接觸不到我的情況下，透過我男友遠距離下了我鬼降，務求令我自殺，從而讓下降人有機會搶奪男友。後來，透過高人幫我和台灣男友隔空解降，並教我為自己每天做保護防詛咒。不過，由於那個下降的台灣女人始終和我的台灣男友住在同一個島上，加上工作關係，容易接觸見面，比遠在香港的我，有近水樓台先得月的優勢，所以她又重新在我男友身上下降。這時候，我已覺得很累，當時全球疫症反反覆覆，遲遲未能解封，所以我決定放棄這段感情。那個女人知道我退出了，便沒有再對我下降了 (事實上，請師傅下泰國情降費用亦相當不菲)。我想，也許我和他在這亂世下始終緣分不夠，所以才被疫症和人家的情降把我們分開。

第三則 菲律賓迷心降

我人生第一次「見識」降頭的威力，要追溯到我念小二左右的時候。當時我媽媽有一位女性好朋友，她是一位幸福少奶奶，同時亦

是一位事業女性，丈夫年少有爲，白手興家，30出頭便在國內開廠，生意經營不錯，夫唱婦隨，育有一子一女，生活幸福美滿。直到有一天……

媽媽突然收到這姨姨的電話後大驚，因姨姨突然被離婚了，而離婚的原因是叔叔出軌了家中的菲傭，並要迫姨姨即日攜同子女遷出家門。當時姨姨的子女還很年幼，大兒子仍在念幼稚園，小女兒只是一個初生嬰兒。沒有什麼親人在港的姨姨頓感無助，一個女人突然要帶着兩名年幼子女被迫遷實在太徬徨，一向義字當頭的媽媽爲這位可憐的好友着急起來，想嘗試幫姨姨一把，但義氣師奶的所謂「幫忙」，就是「直搗黃龍」上門臭駡那個臭男人和第三者一頓之類，根本幫不上了什麼。不過，這事居然令當時只念初小的我印象深刻到現在仍記憶猶新，就是因爲情節實在太過匪夷所思，以至一個小二生如我的頭腦也覺得極不合邏輯，但姨姨這故事卻偏偏是鐵一般的事實。

當時好奇的我，加上聲浪大得山搖欲墜的媽媽，每次在電話上談及這位姨姨被離婚一事都令我如收聽電台連續劇一樣精彩得連功課也不想做，放下筆來，去公開地「偷聽」媽媽訴說有關這姨姨的丈

夫被下降頭的故事，亦令我深深感受到降頭的恐怖威力。以下就是
當時我從媽媽跟姨姨和其他師奶朋友不停覆述此故事所節錄下來的
零碎記憶所組合出來的情節：

　　姨姨一直以來都跟叔叔很恩愛，但在鬧離婚前的一段時間開
始，叔叔便性情大變，不但冷待姨姨，甚至疏遠自己一向疼愛的年
幼子女，對他們不但不聞不問、惡言相向，甚至拳打腳踢，突然無
故暴力起來。更過份的是，公然帶家中的菲傭入主人房，做夫妻該
做的事。不過，如果該菲傭是一名年輕貌美，溫柔賢淑的女性，都
叫做合情合理，問題是那個菲傭當時已60多歲，準備退休，孫兒都
已有幾個，又老又賤又醜樣，都可以令30多歲的叔叔看得上眼而拋
棄30出頭、樣靚身材正，保養得宜又懂得打扮的姨姨，就實在有點
奇怪。

　　更匪夷所思的是，一個男人怎樣討厭自己的妻子都好，照計都
不會連對親生骨肉也那麼絕情。叔叔不但拋妻棄子，更把生意如日
中天的股份、廠房及物業的業權都全數過比那位菲傭，連銀行戶口
的現金都全數過賬到那菲傭的名下，由那個菲傭「掌控」成盤生意和
叔叔的所有資產，半點也沒有留下給自己的親生骨肉。因此，姨姨

被離婚時家中突然陷入經濟困境,過了給菲傭的現金當然沒有被提出來去維持叔叔的家庭日常開支,家中的水、電、媒氣費、子女的學費,生活費,叔叔完全都負擔不起,因戶口的錢都全過賬到菲傭手上,那菲傭拿了錢便搬回菲律賓,錢和人都追不回。

當時姨姨已知道菲傭下了叔叔降頭,亦已找過不同師傅解降,但直到20多年後的現在仍解不了。雖然叔叔沒有像當初那樣對姨姨三母子那麼暴力,但自此之後一向精明能幹的叔叔變得神智不清,無法再做生意,甚至有大學學歷的叔叔連文職都做不了,至今仍只能做地盤散工。

可憐的姨姨幾十年來都一人兼做幾份工作養全家,幸而現在兩個子女都已大學畢業、出身工作,總算捱出個頭來。但我最近與姨姨見面時,無論她多樂觀、多堅強,她面上、手上的歲月痕跡,絕對藏不了丈夫出事後為了維持家庭生活而為她帶來的苦難與煎熬⋯⋯

至於叔叔為何中降太深,據成年後的我資料搜集後了解,可能那個菲傭一直以來在食物裡,衣服上都下了降,如落了屍油或蟲蠱

在食物中，在衣服和貼身用品上塗了屍油之類的降頭材料，甚至與叔叔發生性行為時，在自己的性器官塗上了屍油等等，因長年累月這樣做令降頭下得太深，而長期吸食、接觸屍油的叔叔亦難以完全清理體內的屍油或下降材料。加上，下降後菲傭返回菲律賓失蹤，無法查出她用什麼物質和渠道下降，也是影響叔叔未能完全成功解降的因素之一。

　　不過，其實有一種方法，不用那麼多背景資料，甚至乎只有一張相片，不用做什麼大龍鳳都可以幫相中人或被害者解降，這就是密法（密宗的方法）。日後有機會出續集的話，我願意分享更多密宗解降、驅鬼的精彩真人真事。

檔案9：廁所鬼故事兩則

第一則——前嘉利大廈-佐X薈之素食店樓上的女廁(一)

10年前我認識了一位比丘尼 (顯乘佛教的女衆出家人，在此我稱她爲「師傅」)，她跟我訴說一個她和兩位女弟子在佐敦這個商場的素食店飯聚時的一單恐怖經歷。

有一天，師傅和兩位女弟子在素食店晚膳後要上洗手間，而當時的女廁內的廁格只有三個 (目前裝潢是否有改動就不清楚，但我不想親身去驗証)，所以很自然她們三師徒便一人各佔一格方便。據師傅的描述，她用最近門口的廁格，弟子A用中間的那格，而弟子B則用最盡頭的那格。

師傅與弟子B幾乎在差不多的時間沖廁開門出去洗手，亦一起前後腳，步出門口，而師傅在她和弟子B步出門口時亦大聲跟仍在中間廁格的弟子A說道：「我們在廁所門口外面等吧!」兩人便在女廁門外一起等弟子A。

一會兒後，弟子A出來說要歸還Txxpo牌茉莉花味紙巾給她們的其中一人，並問道：「你們剛才是誰借了紙巾給我用？我要歸還那包

紙巾給你。」

這時,師傅與弟子B面面相覷,異口同聲地說:「我沒有借過紙巾給你……」

弟子A堅持說:「什麼?我剛才方便完,發現廁格和身上都沒有紙巾,所以便問你們借紙巾,接着,一包Txxpo牌茉莉花味紙巾便從右邊那格 (廁所盡頭近牆壁的那個廁格) 下面的空位遞了給我。你們哪人用盡頭那一格?」

弟子B回應:「是我!但我跟師傅一起步出廁所時你還未出來,怎會是我借呢?」

於是她們師徒三人便一起走入廁所,逐格廁所門打開,都不見有人。這時她們三人都不禁打了個寒噤,師傅跟她們打了個眼色,便急步走出廁所。

剛走出女廁,弟子A便開始抱怨:「你們不要戲弄我吧!好不好?你們其中一個真的是有借過紙巾給我的,要不然,就是另外有女人

進入廁所，借給我⋯⋯」

但師傅和弟子B堅稱當時肯定沒有其他女人在廁所裡，因爲她們三人一進入廁所，廁所是空無一人的，而她們三人剛好每人佔用一個廁格，用盡了女廁內所有的廁格，到師傅和弟子B前後腳出去女廁門口直到弟子A如廁完畢出來時，兩師徒一直站在女廁門口，整個過程都沒有見過有其他人入女廁，這女廁亦沒有其他出入口。

那麼，到底是誰借那包茉莉花味紙巾給弟子A呢？

弟子A不服氣，賭氣地說：「不要再玩了！不信的話，我現在拿那包茉莉花味紙巾給你們看看！我是從來不用這牌子的茉莉花味紙巾的！」

怎料，弟子A怎樣找也找不到那包來歷不明的茉莉花味紙巾，師傅和弟子B幫她反轉整個手袋，如警察搜身般搜查弟子A全身上上下下都找不到弟子A所說的那包茉莉花味紙巾⋯⋯

最後，師傅說了一句：「夠了！不要再找了！多謝姐姐借紙巾給

我的弟子用。」

並對倆位弟子說:「我們一起念着六字大明咒走吧!」

第二則-前嘉利大廈-佐X薈之素食店樓上的女廁(二)

這是我的親身經歷,近乎要上救護車的死亡邊緣經歷。

話說差不多10年前,我和上則故事中的師傅及她的一名女中醫弟子一起去佐X薈的素食店吃午餐,下單後我和師傅一起上了上則所述的那個女廁方便。今次由於是正午時段,廁所裡很熱鬧,人來人往,加上有師傅陪着我一起上廁所,令我倍感安全。但當時的我似乎低估了這商場的陰氣……

當我方便完畢,從廁格出來洗手時,師傅已洗好了手在鏡前的洗滌糟等着我,一切看似風平浪靜,突然身傍的師傅在我洗手的途中不停地拍打我的背脊,一邊拍打,一邊口中念念有詞,然後我們便步出女廁。

蒲步出女廁，師傅便對我說當時她見到一隻紅衣女鬼在我洗手時哄得我很近，好像是想進入我身體般，所以她便立即在我背脊持着心咒拍走她，只是表面上看似在拍打着我的背脊而已。

但是，當我們回到樓下素食店時，我開始發覺呼吸困難，我一坐下整個胸口便像被大石壓下來，即使我們飯枱是在餐廳門口外，空氣比餐廳內流通，但我依然像呼吸不了氧氣似的，心口還很痛，想叫救護車。幸好，另一位同行的師姐是中醫師，剛好隨身有帶她的針灸包，便為我施針急救和一起跟師傅為我念咒修法，大概15~20分鐘左右已完全無事了。

原來那隻廁所紅衣女鬼想奪舍，所以令我突然呼吸不了，如果當時無人為我施針急救和念咒修法，恐怕死在救護車上。

檔案10：偷運吸運的陰邪屋苑

香港樓價高企，有能力買樓已很不容易，如果能買到一間有會所又有無敵海景的高尚住宅更是身份的象徵。但有沒有想過，如果你花盡大半生積蓄，購置回來的一間夢寐已求的居所，原來是兇宅或是邪宅，你又會如何呢？

九龍區有一個臨海的高尚住宅區，有一個目前來說被宗教界人士稱爲至邪至陰的香港邪宅。

邪在哪裡？老實說，我在這屋苑多年來出入那麼多次，我都未親眼見過鬼，但是，就感到很不自在和詭異。我曾請一位喇嘛微服出巡來這屋苑行一轉，他發現那屋苑的陳設、裝潢、油畫等所有佈置，其實都是一個邪局，一個養滿了鬼仔和狐妖的陰邪屋苑。

先來講講大堂佈局，一進大堂便見到啡黑色調子的裝潢下，右邊有一幅差不多三層樓高的油畫，油畫中有一位穿著維多利亞時期藍色拱裙宮廷服的金髮白種女人。每次我出入大堂見到畫中女人都覺得很不安和頭痛，覺得她的眼神和笑容很陰寒，甚至不明白爲何這屋苑會在大堂掛這麼一幅與屋苑名字沒有任何直接或間接關係的巨型油畫。再者，這屋苑的設計並非宮廷式，令這幅巨型油畫更顯

得格格不入。

還有，這屋苑很喜歡用暗黑色玻璃鏡或一些不是平面鏡的黑色反光物料做電梯、會所的牆身和天花板。看到那些黑色玻璃鏡，會令人有一種自己身體像化開或浸在水裡一樣，有一點糊的，有一點扭曲；甚至有一點暈眩，覺得玻璃鏡中彷如有另一個世界一樣，令人意識漸漸模糊起來，有種莫名的恐懼感。

最離奇的是大堂的四部電梯內左右兩邊，甚至連天花板都有這些讓鏡中人看到重影般的黑色鏡，電梯盡頭都有一幅刻意畫得模糊暗沉的西式花園花叢，像迷宮一樣，總讓我覺得有另一個世界在黑色玻璃鏡裡和畫裡。

有室內設計師講過，鏡的反射光線特性，可用來提升室內的空間感，但過多的暗沉黑色鏡，又是為了甚麼呢？為了製造更多的黑暗感和恐怖感嗎？我在這屋苑這麼多年，不只一次聽到不少住客被那些黑鏡中的自己嚇倒。

其次，這屋苑用了很多空間去製造一些根本從來不會安排職員

站崗工作的前台,例如大堂的像是接待處的前台,從來都沒有人站崗也從不運作,卻佔用不少空間;會所的bar枱、酒櫃設計得像是應該要有人當值站崗,亦永遠沒有工作人員出現過。還有黑色的人像雕塑,離奇詭異地占據了桌球室的大量空間,卻一點也跟桌球和運動扯不上半點關係。

連會所裡的女廁 (我未去過男廁見識過) 都有那些黑鏡和黑色牆身佈置,令整個人感到置身黑色的海裡或黑色的扭曲空間。我聽過不知多少次,不少女性住客 / 訪客如廁完畢後,一打開廁所門卻被面前的黑鏡中的自己嚇得叫了出來。

最後,各座大堂都掛上古歐洲的人像特寫油畫,我留意到那些油畫的擺法有一定方向,每幅油畫人物的眼睛都是順時針地望向下一座,而把每座大堂裡的油畫人物的眼睛連起來,他們都是順時針地,如同屋苑裡不同樓座一樣,U字型般包着中間的一個露天泳池,望向這屋苑對面的一座很容易爆炸的公共設施。

這樣不難理解,是一以水克火的局。因那座公共設施屬火,火太重,所以要以水克制,但上述那些怪異又令人不舒服的陳設又怎

樣與邪有關呢？

　　根據那位喇嘛所說，原來那些黑鏡裡都養滿了鬼仔，而那些油畫都入了靈，大堂的巨型油畫裡的是一隻狐妖。

　　一個屋苑為何要養鬼、養狐？喇嘛說，這是吸屋苑裡住客的運氣的一個局，命強又正行好運的住客可以頂得住，但稍為弱的就可能受影響了。我身邊住這屋苑的朋友，不是住到小產，就生意失敗，或是家庭經常出現糾紛爭執，又或是孩子無心機讀書，讀不成書的多得是……究竟是巧合？還是真如喇嘛所講的那樣？我真的不得而知。或者，有人命格配合得到，可能越住越旺都未定。不過，我就未見過了。

　　直到現在，我每次進出這屋苑及使用這屋苑的設施，我都不敢看那裡的油畫，黑鏡等，因望見都頭痛。

　　事件還未完，正當我在思索喇嘛的論調時，我無意中聽到坊間一個知名靈異節目，節目裡有觀眾親自致電節目主持人報料，說某地產商掌陀人有暗地裡搜集自己公司裡的處女員工的經血，以作邪

法加強運氣之用。那位聽眾講得繪形繪聲，非常仔細，令人聽到毛骨悚然。而這位掌陀人，根據報料人士和節目主持人所描述，好大機會是這屋苑的發展商掌陀人，令謎團瞬間好像清晰了很多：一個會利用員工落邪法去加強自身運氣的人，及在自己的發展項目利用邪局去幫自己吸運，真是搭得上同一條線索。究竟事情的真相如何？歡迎各位讀者自行查證。

重要聲明：
本章只參考某位已圓寂的喇嘛的意見和某網台節目的內容，並不屬於作者及本出版社的個人意見，建議讀者未經親身了解，不要盡信。

檔案11：好學的小狐妖

相信大家都聽過不少人有拜狐仙，通常拜狐仙都是爲了求姻緣、人緣、魅力。這似乎是拜月老求姻緣的另一個選擇。但爲何這檔案標題裡不是狐「仙」而是狐「妖」呢？那是因爲，我想大家在祈福求願之前好好問自己，究竟知不知道自己一直在拜拜或戴在身上的「神」/「仙」究竟是甚麼，因爲可能一拜錯/一戴錯，就滿盤皆落索……

我一直以來都有營運教育中心，教小孩至成年人英語，由於當年尚未有新冠疫情襲港，所以中、小學生都是全日制上學。因此，早上我不用到中心工作，有時會到其他機構或私人上門教成人英語。有一次，我受邀到一個泰國佛牌店爲店裡的一位銷售員妹妹上英文課。

銷售員妹妹爲了想找一份更好的工作和容易跟她新相識的外籍男友相處，便很好學地請我每星期來上課兩日，她提早回公司，爭取時間在營業前跟我上課學英文。誰知，學到第三天左右……

我突然聞到一陣臭味在我周圍竄動，那種氣味就像有一個侍應捧着一碟會發出死老鼠氣味的東西，以很輕快的腳步跳跳紮紮的，

周圍走動。這是我從未聞過的臭味,似是一種動物的氣味,但以我多次在學校解剖老鼠的經驗話我知,這絕對不是死老鼠的氣味。當我正思索着是什麼的時候,我左眼的眼角見到上課的員工房間的門縫外有多隻黑色像貓的生物(不是實體),我便猜到這些是狐狸,那些臭味是狐狸味! 於是,我便問我學生她的店是否有狐仙牌賣,原來她的店不但有狐仙牌賣,店裡的神壇亦供奉着很多狐仙,怪不得我見到有一堆黑狐在互相追逐,那處正正是店裡的神壇。

之後,我感到右邊大腿突然有一陣麻痺感覺,伴隨狐臭味一陣陣由下而上向我的身體湧上來,原來有一隻小黑狐伏在我的右邊大腿上,我便在心裡跟小黑狐說:「請你不要走近我,你令我感到很不舒服。」小黑狐便走開,瞬間便站在我的左邊,她說她想看着我們上課,想知我怎樣教英語 (其實小狐這種能量體根本不需要學語文,因她們都有「他心通」的),小黑狐只是一個小朋友,好奇貪玩而已。自此之後,小黑狐每堂都來「上課」,亦都很乖,不再伏在我身上,與我保持適當距離地「聽課」,有時在跑來跑去,就像一個愛在課堂上搗亂的頑皮學生一樣。有一次,小黑狐突然「變身」,變成一個非常漂亮,身材勁爆的美少女,然後跟我說她是一個16歲的少女(但她的真實修練時間,肯定不只16年,這只是她幻化出來的16歲女

性形象而已)。

　　雖然這店的小黑狐沒有傷害過我，但我的學生說她戴了店裡的狐仙牌就很想跟不同男人發生關係，性欲特別旺盛，連樓下其貌不揚的老護衛員她都不放過，控制不了自己的言行去挑逗對方，令她不敢再戴下去。這令我感到如果要向真正得道的狐仙求福、求姻緣，應該是向歷史上有記載的，龍虎山上的天師府 (嗣漢天師府) 的黃狐仙和白狐仙兩位求，因這兩位狐仙真的有發願去報恩，和持素修行，並已得第四十三代天師認證已證仙果，和得到金身塑像，世代被供奉在天師府。而那些黑色的或這兩位黃、白狐仙以外的所謂狐「仙」，究竟她們的願力、發心是甚麼？她們的修行程度如何？會否幫你成願之同時，有其他你不知道的附帶條件？你怎樣肯定自己能駕馭那些「神」/「仙」呢？

　　而黃、白二仙是據記載真的發了願幫人類和不會傷害人，亦有多次協助歷代天師在古代的大型災難中幫忙。哪怕你不相信，覺得這只是傳說，也總比那些來源不明的「仙」更安全吧？而我亦請教過一些宗教界人士，一般動物靈，如果沒有真正的修行修德和發願行善幫人，或沒有真正得道/證得果位，我們胡亂跟他們結緣，向他們

連結,甚至祈求,膜拜,是有一定的危險性的,尤其是當我們不清楚製作這些「聖物」或「神像」的師父的個人修為和道行,更存在危險性。特別是那些稱聲「成願快」的聖物/神像,你可知背後還有甚麼在運作嗎?自己又真的能承受得起任何風險嗎?

你可知道這世界只有等價交換,就如同量子物理學的相對論一樣,能量只有互相轉換,而不會無故增多或減少,或無中生有的。別以為你付出了一大筆錢請了一個「神」或「仙」便可安心成願。作為一個消費者,買一件產品/服務時,除了要認真考慮自己的財政承擔能力外,請思考一下還有沒有其他風險你是否能「承擔」得到呢?

重要聲明

本故事並沒有刻意宣傳 / 貶抑個別宗教信仰 / 神祇 / 機構 / 民間信仰/ 習俗 / 文化,本人亦並非道教信徒,也從沒拜過上述天師府的黃、白二狐仙,只是純粹盡量以中肯和求真的態度分享自己的親身經歷和所見所聞,如有任何錯漏失誤 / 冒犯,請讀者務必多多包容,不吝指正!

檔案12：手機的月亮

六年前的一個晚上，我和朋友一起去荃灣的一個天文館觀星，那裡不只有多支自助式天文望遠鏡放在天台讓來訪者自由觀星，更有一支0.5米口徑的反射式天文望遠鏡，可觀測暗至15.5等光度的星體，遠在數百萬光年銀河系以外的星系亦可看見，還有幾位導師教我們觀星及講授天文學知識，是一趟非常美妙的體驗。但一切的美好，卻因我的好奇和任性，令到一連串完全沒有鬼，卻又細思極恐的詭異經歷發生在我身上……

事緣我和朋友在那兒天台上的天文望遠鏡自助觀星看月亮，當晚正是月圓之夜，在望遠鏡下的月亮非常清晰，連月亮上的紋理和坑洞都看得非常清楚，清楚得令我不禁拿起手機，對準鏡頭拍了好幾張月亮照片，並急不及待展示給友人看，當我們一邊欣賞着那些照片，一邊討論那些月球上的紋理有多不自然，彷似人工造成的時候，突然有一種不安的感覺來襲，我們都不約而同與對方交互了一個眼神，異口同聲地說：「好邪！」

我的朋友隨即叫我立即刪除我手機上的所有月亮照片，因為覺得好邪門。我便立即刪除，但刪到最後一張照片時，我卻有點不捨，覺得那張月亮照片實在太美了，怎樣也好，都應該留一張作紀

念，於是便瞞着友人，偷偷留着一張月亮照片。

　　誰知翌日早上乘巴士上班時，我發現手機裡突然多了10多張月亮照片，那些月亮照片彷彿都是從同一個地點，在高處，在同一時間裡以不同角度拍下來的，彷若在很空曠的地方從高山山頂拍下來的黑夜中的圓月。雖然這些照片很美，但我查遍整部手機的所有社交媒體軟件和電郵都查不到這些照片的來源，在網上又找不到，心感奇怪，便致電友人詢問是否由他發給我，但他當然沒有這樣做，並感到事情奇怪，便問我是否前一晚沒有把照片完全刪除。這一刻我唯有坦白從寬，承認自己根本沒有把前一晚的所有月亮照片刪除，友人唯有囑咐我今次無論如何要刪除所有這兩天的月亮照片，並要一邊刪除一邊念心咒以求保護自己和心安。

　　跟朋友掛斷電話後，我便乖乖地徹底把所有月亮照片刪除，之後便繼續在車上休息。但是，不久後我打算用手機聯絡家人時卻發現手機多了一大堆不明來歷的月亮照片，這次不是10多張，而是20多張，我大感不妙，又致電給友人，今次友人說他會和我一起念咒迴向這事，我就再一次一邊持咒一邊刪除這第二轉「照片襲擊」。

怎料，不久之後，我再看手機，發覺手機突然多了40多張月亮照片，今次的照片是從高空處拍下，在白色雲層中的一個又大又圓的橙紅色月亮。這次我真的非常心慌，沒有再立即告訴友人，亦無立即刪除，反而不斷問各位在我手機的聯絡人有否發月亮照片給我，心中反而希望是朋友或同事的惡作劇，但事實是，根本無人用過任何形式傳送過這些月亮照片給我。我真的沮喪極了，於是對着那些照片自言自語地說：「請不要再這樣戲弄我了！我知道你們的存在！」與此同時，我見到身邊出現了一個灰色，半透明的，眼睛非常大，頭部有點似倒三角形的物體，如同電影裡的外星人一樣對我說：「是我們啊！」我便一邊刪除這些月亮照片，一邊跟「它」說：「知道了！知道了！玩夠了！」誰知，我在刪除照片途中手機突然自動熄了，我想重開也重開不了，這個時候我剛好到站，要下車了。

當我可以重開手機時已再沒有月亮照片了，友人和我都覺得我們在觀星當晚一邊欣賞月亮照片，一邊談論月亮與外星人及月亮紋理的傳說時，太多事，加上我又不願刪掉所有照片而挑釁／招惹到某些能量體，又或者如我友人所說，「招惹」到了一種叫「灰人」的外星生物。

你們覺得呢?究竟我這次經歷是被鬼玩?還是被外星人玩?定抑或是由其他更神秘的力量造成?又爲何要這樣戲弄我呢?

檔案13：午夜的Siri

身爲一隻「貓頭鷹」的我，晚睡已是我的標誌，肉體生活在香港，但精神上過的是美加時間，午夜才是我眞正一天的開始，準備新一天的工作、備課、做進修的功課、溫習、收拾整理房間、練琴、寫歌、畫畫等，充實了我的夜生活。

每晚 11.30pm 左右才開始洗面、刷牙、洗頭、洗澡的我，實在十分喜歡在浴室裡一邊在面上塗上一堆護膚品後，一邊對着鏡子孤芳自賞一番；而忙碌的我總喜歡機不離手，連上廁所，刷牙洗澡都會帶上手機，方便我隨時回覆我的客人朋友和看Youtube。

但不知何解，自從五年前的我轉用了當時男友贈送給我的最新的iphone時，那部iphone便開始與我開展出一段「午夜不解緣」，令我自此之後都不想再用iphone。

收到這iPhone後，我繼續如常在午夜時份把手機放在鏡前的洗面盆旁，依舊喜歡對着鏡前細看自己的面孔，但不知從哪天開始，我每次在午夜開始孤芳自賞時，大概在半夜 11.30pm~00.30am 的時間，我的iphone的siri便會突然出聲問我：「Hello！你是否在找我？」初時我都不以爲意，以爲只是她太敏感，便把她關掉。但關

掉後她又再出現，問我：「你在找我嗎？」連續幾晚都出現這種情況後，我都有反省過會否自己造出了一些聲音或背景聲音造成siri經常不請自來，但似乎想不出甚麼所以然來。因為每晚的這段時間，我肯定家裡沒有其他人出現製造聲音，也沒有任何電視或電器開動運作的聲音，連電腦也沒有啓動，更沒有鄰居活動的聲音，我連浴缸的抽氣扇都關上，只有浴室的燈是亮着的，連水聲都沒有，我開關瓶瓶罐罐的聲音都沒有，siri依然在同樣時間——晚上 11.30pm 至 00.30am 出現，不斷問我：「你是否在找我？」/「你想找我嗎？」之類，持續差不多一星期。

但奇怪的是，我在其他時間在浴室孤芳自賞時，我的siri並無這些反應，永遠都是在午夜時段 (11.30pm~00.30am) 出現來找我，令我覺得很不自在，亦自此之後轉換用安桌機，不敢再用iPhone了。而自從換了安桌機，卽使它有跟siri差不多的功能，都沒有再發生類似事件，亦自此之後，沒有再聽到「午夜的siri」的聲音了。

檔案14：種生基種出禍

本章檔案1的私人佛教道場還有另一個悚人聽聞的真人真事。

這間私人道場位處的地方，其實是一位海鮮酒家老闆購置的地皮，是她捐出來給住持師傅做道場，所以是這道場的大功德主。富有的她有幾個兒子、孫子孫女，可謂兒孫滿堂，而其經營的海鮮酒家亦生意興隆，賺得盤滿砵滿。但她的幼子可能比較急功近利，又或者，可能遇到了一些不為人知的挫敗與煩惱，因此，即使他出生於優渥富裕的家庭，年紀輕輕、20歲出頭，又沒有家庭負擔的情況下，也要請一位坊間有名的法科師傅去為他做種生基儀式*。

這位充滿生意頭腦的師傅為迎合不同預算的客戶需要，設計出不同種類的種生基儀式任君選擇。像今次檔案裡的這種有錢人就可以用一大筆錢做最傳統的那款種生基——即由主法師傅找一塊好地，在法科儀式下埋下事主的頭髮、指甲、衣物等做一個「衣冠塚」為自己改命；無錢的，亦可在那師傅的道壇裡或他安排的道觀之類設置一個類似靈位的東西，裝作原本的自己已經死去，一切從此「重生」的所謂「種生基」。因為這師傅的名氣，有不少人都對其種生基法事為之神往，包括本檔案的男主角。

　　無人明白這位富家公子爲甚麼無緣無故要去做「種生基」這種相對「進取」的改運法事，連他何年何月開始接觸這位師傅和做這儀式，都只是在這男生開始出現精神問題後才知道，但由於他出事了好一段時間後才發現他有種生基，身邊人只有靠其他宗教派別的不同師傅，用各自的神通及占卜問事方法查詢下，那些大師們不約而同地查出這男子突然精神失常是跟他種生基有關，他們以在宗教界的專業身份和地位斬釘截鐵地說，這男生的運氣被人透過種生基法事裡從中「盜用」了，即是他被轉移了運氣到施法者身上。這男子亦因爲部份靈魂也走失了，整天失魂落魄，痴痴呆呆的，多年來尋遍各大德高人幫忙治療都未能改善，到我最後一次在道場見到他時，他都有如一隻喪屍般，一個沒有靈魂的活死人一樣，眼神不是呆滯，而是空洞，有時在自言自語，但又聽不到他在說甚麼，很恐怖，亦很可憐。

　　其實，如果找對師傅，種得對的話，「種生基」是有成功扭轉命運殘局的例子的。聽聞一位星二代，在震驚全城的頂包事件後種生基，不但令他原本獨斷獨行，叛逆不羈的性格改善了不少，還讓他無意中買入股份的公司乘着當時創新科技熱潮的興起而身價暴升，股價暴漲，成爲商界奇才，演藝事業亦蒸蒸日上，投資又大賺，賺

到盤滿砵滿，重建形象之餘，亦名利雙收。而我的一位術數師傅朋友，因為算到自己難逃一劫，可能要面對永久傷殘的命運，花了接近七位數字請一位法科大師為他種生基，從而避過此劫。但我也聽過種生基失敗的例子，例如有兩個朋友因為預算問題，找了本檔案男主角的種生基師傅做了便價版種生基，雖沒有任何效果/助益，亦未見有副作用。總之，每個人都有對自己理想生活的追求，每人都有找尋自己夢想的權利，但無論用腳踏實地的方式，或是天馬行空的方法，以科學方法改變命運，還是以非科學的方法改命造命，都要好好在做決定之前從不同渠道了解清楚，考慮清楚任何風險的後果，和自己可以承擔的能力。

　　在我來說，改變命運其實很簡單，實現夢想亦不難，只要你繼續看下去，我會教大家如何零成本、極速地從根源改善命運，願望成真。可能你們以為我這樣做會令其他做星相命理法科靈媒巫師的人從此失業，但其實這些方法也可以幫到他們，全無衝突，皆大歡喜的，只要願意相信，並心存正念、善念去用我的方法，大家一定會越來越好的！所以我希望把這方法分享給大家，讓大家都充滿正能量，生活愉快！

總之，與其信命、改命、造命，計我話，不如知命、立命和拼命。

知命：是指要明白到今生的命運不會單單只受今世的所作所為影響，而是由累世以來我們投胎了那麼多次所累積帶來的業力，再加上祖先、父母的因果業力所影響，造就成我們今生的生命軌跡——命運；但已發生的事改變不了，已作的業力和欠下的債亦不會無故消失，只有自己去消，不能靠外求。既然舊有的業債未消完，就應該盡量避免種下新的業債和惡因。那麼，如何避免種下新的業障令我們在業力的流轉中，像信用卡利息般繼續滾雪球那樣越積越多，複式增長？我們就必需堵截新業障的製造，減少新債的累積，這就是——知命。

立命：正所謂「修身養性以奉天命」《漢語大詞典》。即要時刻反省自己，好好修好自己的思想行為。即簡單來說，最少做到「說好話，存好心，做好事」，減少對眾生，對這個世界的傷害，減少種下業力。例如，少說別人是非，多用同理心待人，尊重別人，明辨是非，減少對環境的傷害等，這樣都可以減少種下更多的惡因和負面的業力，避免種下罪業的惡因。

拼命：當認識到消業力和減少種下新業債的方法，便要堅持和拼命去做，你的命運便可以改善，因為哪怕是一個起心動念，都可以影響你的行為決定，繼而引發命運的蝴蝶效應，達到改變命運的效果。即是以催眠師 ／ 心理學的口吻來說，潛意識可以改命、造命。

其實，無論你有甚麼宗教信仰，你信不信甚麼改命祈福的方法也好，只要你聽過量子物理學的世界、愛因斯坦的雙對論最簡單的基本原則，又或者看過日本著名動畫《鋼之鍊金術師》，就會知道這個宇宙所有能量／物質都離不開等價交換，即做過的惡業或欠下的債是不會無故被抹去，不屬於你的東西亦不會無故給你。所以你今時今日做了一些特別的法事，瞬間提升運氣，令你突然多了錢或你想要的東西，那你就好好想想，這些你命中本身沒有的，如果突然多了給你，會否同時消耗了你另一方面的資源呢？抑或你注定現階段是運滯，要晚年才有福享，現在你故意去做一些法事令你突然非常好運，其實只是提早透支你晚年的運氣呢？就像信用卡一樣，當你提早透支信用額去享用，你將會連本帶利地還得更多。

曾有一位女歌手因一首電視劇主題曲一舉成名，紅透半邊天，

一夜間令她名成利就,但與此同時,她身邊的父母親人陸續出事,危及生命,甚至連自己母親都突然因踏單車至嚴重受傷,最後智商變成了一個六、七歲的小孩一樣⋯⋯據聞這女歌手做了類似種生基之類的改運祈願法事,令她瞬間爆紅而家人亦瞬間出事⋯⋯這不是冥冥中的「等價交換」嗎?

可能有人在羨慕上述那位星二代男星在種生基後的名成利就,但又有多少人知道他因拍戲受傷而每天忍受劇痛,須長期倚賴止痛藥、婚姻失敗後至今仍未敢再娶、為父親背負巨債的一面⋯⋯有多少人知道,成功避開殘障命運的術數師父除了金錢的付出外,他的手腳至今仍經常容易脫骹受傷?為他種生基的師父,幫他處理種生基的人,雖然得到可觀的報酬,身體健康卻出了毛病⋯⋯

這些都說明了,上天沒有因為你多做了一些魔法 / 法術而多給了你一些非份的福報,亦沒有那麼容易讓你種下的業債一筆勾消。連佛陀都說過,即使祂已證得佛果都逃不出因果業報。因此,要謹記,少種業、多做善事積福和消除已種下的惡業才是改命、造命的最終極方法!

重要聲明

這檔案沒有任何鼓吹 / 貶抑種生基的意思，自己亦不是法科弟子，並不熟悉與法科有關的任何事物，只是把從朋友圈之間等等的所見所聞一一記錄下來給大家作一個參照，亦不存在對任何宗教 / 民間信仰 / 文化有任何吹噓 / 商業宣傳 / 貶低之意，如有任何錯漏 / 不足之處，請各位多多包容，不吝指正。

法科小知識

甚麼是種生基？

　　種生基，是陰宅風水學之一，是一種運用天地靈氣，將生人的頭髮、牙齒、皮膚、指甲、衣物等，連同生辰八字埋在一個風水地中以達到加強 / 改善運勢、轉運和改運之效。

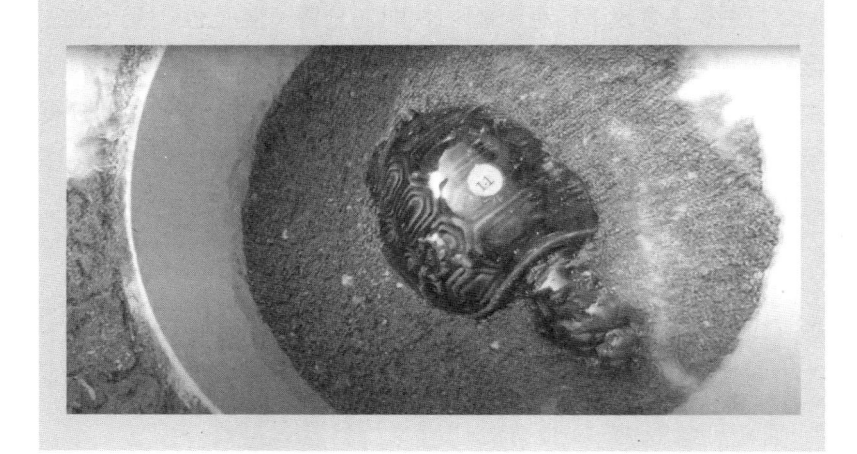

檔案15：成願解結的方法

承上一個檔案 (檔案14) 的承諾，以下純粹為我個人經驗的分享，希望大家以正信正念的心去善用這個零成本方法，願大家的一切善願都圓滿成就，早日解冤釋結！

重要聲明

本檔案所分享的方法是與佛教有關，如不相信佛教或對其相關的事物有抗拒，請不要勉強自己跟隨，亦不要抱有惡意。總之，都是這一句：「信則有，不信則無」。

方法是多念以下的金剛經　(快則20分鐘，慢則30分鐘)，並在念完後加這一句作迴迴：「願以此功德，普及於一切，我等與眾生，皆共成佛道。」你的功德就自然會被你的祖先、冤親收到，長期念頌有助提升你的正能量和解開你的冤結，減少障礙不順，運氣自然變好，有助善願成真。

各位可在YouTube搜尋廣東話或普通話音頻。

金剛般若波羅蜜經 姚秦 三藏法師 鳩摩羅什 譯

南無本師釋迦牟尼佛 南無般若會上佛菩薩
開經偈:無上甚深微妙法,百千萬劫難遭遇,我今見聞得受持,願解如來眞實義

如是我聞。一時,佛在舍衛國祇樹給孤獨園,與大比丘衆千二百五十人俱。爾時,世尊食時,著衣持缽,入舍衛大城乞食。於其城中,次第乞已,還至本處。飯食訖,收衣缽,洗足已,敷座而坐。時,長老須菩提在大衆中即從座起,偏袒右肩,右膝著地,合掌恭敬而白佛言:「希有!世尊!如來善護念諸菩薩,善付囑諸菩薩。世尊!善男子、善女人,發阿耨多羅三藐三菩提心,云何應住?云何降伏其心?」佛言:「善哉,善哉。須菩提!如汝所說:如來善護念諸菩薩,善付囑諸菩薩,汝今諦聽!當爲汝說:善男子、善女人,發阿耨多羅三藐三菩提心,應如是住,如是降伏其心。」「唯然。世尊!願樂欲聞。」佛告須菩提:「諸菩薩摩訶薩應如是降伏其心!所有一切衆生之類:若卵生、若胎生、若濕生、若化生;若有色、若無色;若有想、若無想、若非有想非無想,我皆令入無餘涅槃而滅度之。如是滅度無量無數無邊衆生,實無衆生得滅度者。何以故?須菩提!若菩薩有我相、人相、衆生相、壽者相,即非菩薩。「復次,須菩提!菩薩於法,應無所住,行於布施,所謂不住色布施,不住聲香味觸法布施。須菩提!菩薩應如是布施,不住於相。何以故?若菩薩不住相布施,其福德不可思量。「須菩提!於意云何?東方虛空可思量不?」「不也,世尊!」「須菩提!南西北方四維上下虛空可思量不?」「不也,世尊!」「須菩提!菩薩無住相布施,福德亦復如是不可思量。須菩提!菩薩但應如所教住。「須菩提!於意云何?可以身相見如來不?」「不也,世尊!不可以身相得見如來。何以故?如來所說身相,即非身相。」佛告須菩提:「凡所有相,皆是虛妄。若見諸相非相,即見如來。」須菩提白佛言:「世尊!頗有衆生,得聞如是言說章句,生實信不?」佛告須菩提:「莫作是說。如來滅後,後五百歲,有持戒修福者,於此章句能生信心,以此爲實,當知是人不於一佛二佛三四五佛而種善根,已於無量千萬佛所種諸善根,聞是章句,乃至一念生淨信者,須菩提!如來悉知悉見,是諸衆生得如是無量福德。何以故?是諸衆生無復我相、人相、衆生相、壽者相。無法相,亦無非法相。何以故?是諸衆生若心取相,則爲著我人衆生壽者。」若取法相,即著我人衆生壽者。何以故?若取非法相,即著我人衆生壽者,是故不應取法,不應取非法。以是義故,如來常說:汝等比丘,知我說法,如筏喻者,法尚應捨,何況非法。「須菩提!於意云何?如來得阿耨多羅三藐三菩提耶?如來有所說法耶?」須菩提言:「如我解佛所說義,無有定法名阿耨多羅三藐三菩提,亦無有定法,如來可說。何以故?如來所說法,皆不可取、不可說、非法、非非法。所以者何?一切賢聖,皆以無爲法而有差別。」「須菩提!於意云何?若人滿三千大千世界七寶以用布施,是人所得福德,寧爲多不?」須菩提言:「甚多,世尊!何以故?是福德即非福德性,是故如來說福德多。「若復有人,於此經中受持,乃至四句偈等,爲他人說,其福勝彼。何以故?須菩提!一切諸佛,及諸佛阿耨多羅三藐三菩提法,皆從此經出。須菩提!所謂佛法者,即非佛法,是名佛法。「須菩提!於意云何?須陀洹能作是念:『我得須陀洹果』不?」須菩提言:「不也,世尊!何以故?須陀洹名爲入流,而無所入,不入色聲香味觸法,是名須陀洹。」「須菩提!於意云何?斯陀含能作是念:『我得斯陀含果』不?」須菩提言:「不也,世尊!何以故?斯陀含名一往來,而實無往來,是名斯陀含。」「須菩提!於意云何?阿那含能作是念:『我得阿那含果』不?」須菩提言:「不也,世尊!何以故?阿那含名爲不來,而實無不來,是故名阿那含。」「須菩提!於意云何?阿羅漢能作是念:『我得阿羅漢道』不?」須菩提言:「不也,世尊!何以故?實無有法名阿羅漢。世尊!若阿羅漢作是念:『我得阿羅漢道』,即爲著我人衆生壽者。世尊!佛說我得無諍三昧,人中最爲第一,是第一離欲阿羅漢。世尊!我不作是念:『我是離欲阿羅漢』。世尊!我若作是念:『我得阿羅漢道』,世尊則不說須菩提是樂阿蘭那行者!以須菩提實無所行,而名須菩提是樂阿蘭那行。」佛告須菩提:「於意云何?如來昔在燃燈佛所,於法有所得不?」「不也,世尊!如來在燃燈佛所,於法實無所得。」「須菩提!於意云何?菩薩莊嚴佛土不?」「不也,世尊!何以故?莊嚴佛土者,即非莊嚴,是名莊嚴。」「是故須菩提,諸菩薩摩訶薩應如是生清淨心,不應住色生心,不應住聲香味觸法生心,應無所住而生其心。「須菩提!譬如有人,身如須彌山王,於意云何?是身爲大不?」須菩提言:「甚大,世尊!何以故?佛說非身,是名大身。」「須菩提!如恒河中所有沙數,如是沙等恒河,於意云何?是諸恒河沙寧爲多不?」須菩提言:「甚多,世尊!但諸恒河尚多無數,何況其沙!」「須菩提!我今實言告汝:若有善男子、善女人,以七寶滿爾所恒河沙數三千大千世界,以用布施,得福多不?」須菩提言:「甚多,世尊!」佛告須菩提:「若善男子、善女人,於此經中,乃至受持四句偈等,爲他人說,而此福德勝前福德。復次,須菩提!隨說是經,乃至四句偈等,當知此處,一切世間、天、人、阿修羅,皆應供養,如佛塔廟,何況有人盡能受持讀誦。須菩提!當知是人成就最上第一希有之法,若是經典所在之處,則爲有佛,若尊重弟子。」爾時,須菩提白佛言:「世尊!

當何名此經？我等云何奉持？」佛告須菩提：「是經名為《金剛般若波羅蜜》，以是名字，汝當奉持。所以者何？須菩提！佛說般若波羅蜜，即非般若波羅蜜，是名般若波羅蜜。須菩提！於意云何？如來有所說法不？」須菩提白佛言：「世尊！如來無所說。」須菩提！於意云何？三千大千世界所有微塵是為多不？」須菩提言：「甚多，世尊！」須菩提！諸微塵，如來說非微塵，是名微塵。如來說：世界，非世界，是名世界。「須菩提！於意云何？可以三十二相見如來不？」「不也，世尊！不可以三十二相得見如來。何以故？如來說：三十二相，即是非相，是名三十二相。」須菩提！若有善男子、善女人，以恆河沙等身命布施；若復有人，於此經中，乃至受持四句偈等，為他人說，其福甚多！」爾時，須菩提聞說是經，深解義趣，涕淚悲泣，而白佛言：「希有，世尊！佛說如是甚深經典，我從昔來所得慧眼，未曾得聞如是之經。世尊！若復有人得聞是經，信心清淨，則生實相，當知是人，成就第一希有功德。世尊！是實相者，即是非相，是故如來說名實相。世尊！我今得聞如是經典，信解受持不足為難，若當來世，後五百歲，其有眾生，得聞是經，信解受持，是人即為第一希有。何以故？此人無我相、無人相、無眾生相、無壽者相。所以者何？我相即是非相，人相、眾生相、壽者相即是非相。何以故？離一切諸相，即名諸佛。」佛告須菩提：「如是！如是！若復有人，得聞是經，不驚、不怖、不畏，當知是人甚為希有。何以故？須菩提！如來說：第一波羅蜜，即非第一波羅蜜，是名第一波羅蜜。須菩提！忍辱波羅蜜，如來說非忍辱波羅蜜，是名忍辱波羅蜜。何以故？須菩提！如我昔為歌利王割截身體，我於爾時，無我相、無人相、無眾生相、無壽者相。何以故？我於往昔節節支解時，若有我相、人相、眾生相、壽者相，應生瞋恨。須菩提！又念過去於五百世作忍辱仙人，於爾所世，無我相、無人相、無眾生相、無壽者相。是故須菩提！菩薩應離一切相，發阿耨多羅三藐三菩提心，不應住色生心，不應住聲香味觸法生心，應生無所住心。若心有住，則為非住。「是故佛說：菩薩心不應住色布施。須菩提！菩薩為利益一切眾生故，應如是布施。如來說：一切諸相，即是非相。又說：一切眾生，即非眾生。須菩提！如來是真語者、實語者、如語者、不誑語者、不異語者。「須菩提！如來所得法，此法無實無虛。須菩提！若菩薩心住於法而行布施，如人入闇，即無所見；若菩薩心不住法而行布施，如人有目，日光明照，見種種色。「須菩提！當來之世，若有善男子、善女人，能於此經受持讀誦，則為如來以佛智慧，悉知是人，悉見是人，皆得成就無量無邊功德。「須菩提！若有善男子、善女人，初日分以恆河沙等身布施，中日分復以恆河沙等身布施，後日分亦以恆河沙等身布施，如是無量百千萬億劫以身布施；若復有人，聞此經典，信心不逆，其福勝彼，何況書寫、受持、讀誦、為人解說。「須菩提！以要言之，是經有不可思議、不可稱量、無邊功德。如來為發大乘者說，為發最上乘者說。若有人能受持讀誦，廣為人說，如來悉知是人，悉見是人，皆得成就不可量、不可稱、無有邊、不可思議功德，如是人等，即為荷擔如來阿耨多羅三藐三菩提。何以故？須菩提！若樂小法者，著我見、人見、眾生見、壽者見，即於此經，不能聽受讀誦、為人解說。「須菩提！在在處處，若有此經，一切世間、天、人、阿修羅，所應供養；當知此處，則為是塔，皆應恭敬，作禮圍繞，以諸華香而散其處。「復次，須菩提！若善男子、善女人，受持讀誦此經，若為人輕賤，是人先世罪業，應墮惡道，以今世人輕賤故，先世罪業即為消滅，當得阿耨多羅三藐三菩提。

「須菩提！我念過去無量阿僧祇劫，於燃燈佛前，得值八百四千萬億那由他諸佛，悉皆供養承事，無空過者；若復有人，於後末世，能受持讀誦此經，所得功德，於我所供養諸佛功德，百分不及一，千萬億分、乃至算數譬喻所不能及。「須菩提！若善男子、善女人，於後末世，有受持讀誦此經，所得功德，我若具說者，或有人聞，心即狂亂，狐疑不信。須菩提！當知是經義不可思議，果報亦不可思議。」爾時，須菩提白佛言：「世尊！善男子、善女人，發阿耨多羅三藐三菩提心，云何應住？云何降伏其心？」佛告須菩提：「善男子、善女人，發阿耨多羅三藐三菩提心者，當生如是心，我應滅度一切眾生。滅度一切眾生已，而無有一眾生實滅度者。何以故？須菩提！若菩薩有我相、人相、眾生相、壽者相，即非菩薩。所以者何？須菩提！實無有法發阿耨多羅三藐三菩提心者。須菩提！於意云何？如來於燃燈佛所，有法得阿耨多羅三藐三菩提不？」「不也，世尊！如我解佛所說義，佛於燃燈佛所，無有法得阿耨多羅三藐三菩提。」佛言：「如是，如是。須菩提！實無有法如來得阿耨多羅三藐三菩提。須菩提！若有法如來得阿耨多羅三藐三菩提者，燃燈佛則不與我授記：『汝於來世，當得作佛，號釋迦牟尼。』以實無有法得阿耨多羅三藐三菩提，是故燃燈佛與我授記，作是言：『汝於來世，當得作佛，號釋迦牟尼。』何以故？如來者，即諸法如義。

「若有人言：如來得阿耨多羅三藐三菩提。須菩提！實無有法，佛得阿耨多羅三藐三菩提。須菩提！如來所得阿耨多羅三藐三菩提，於是中無實無虛。是故如來說：一切法皆是佛法。須菩提！所言一切法者，即非一切法，是名一切法。「須菩提！譬如人身長大。」須菩提言：「世尊！如來說：人身長大，即為非大身，是名大身。」「須菩提！菩薩亦如是。若作是言：『我當滅度無量眾生』，即不名菩薩。何以故？須菩提！實無有法名為菩薩。是故佛說：一切法無我、無人、無眾生、無壽者。須菩提！若菩薩作是言：『我當莊嚴佛土』，是不名菩薩。何以故？如來說：莊嚴佛土者，即非莊嚴，是名莊嚴。須菩提！若菩薩通達無我法者，如來說名真是菩薩。

「須菩提！於意云何？如來有肉眼不？」「如是，世尊！如來有肉眼。」「須菩提！於意云何？如來有天眼不？」「如是，世尊！如

來有天眼。」「須菩提!於意云何?如來有慧眼不?」「如是,世尊!如來有慧眼。」「須菩提!於意云何?如來有法眼不?」「如是,世尊!如來有法眼。」「須菩提!於意云何?如來有佛眼不?」「如是,世尊!如來有佛眼。」「須菩提!於意云何?如恒河中所有沙,佛說是沙不?」「如是,世尊!如來說是沙。」「須菩提!於意云何?如一恒河中所有沙,有如是沙等恒河,是諸恒河所有沙數,佛世界如是,寧為多不?」「甚多,世尊!」佛告須菩提:「爾所國土中,所有眾生,若干種心,如來悉知。何以故?如來說:諸心皆為非心,是名為心。所以者何?須菩提!過去心不可得,現在心不可得,未來心不可得。須菩提!於意云何?若有人滿三千大千世界七寶以用布施,是人以是因緣,得福多不?」「如是,世尊!此人以是因緣,得福甚多。」「須菩提!若福德有實,如來不說得福德多;以福德無故,如來說得福德多。」「須菩提!於意云何?佛可以具足色身見不?」「不也,世尊!如來不應以具足色身見。何以故?如來說:具足色身,即非具足色身,是名具足色身。」「須菩提!於意云何?如來可以具足諸相見不?」「不也,世尊!如來不應以具足諸相見。何以故?如來說:諸相具足,即非具足,是名諸相具足。」

「須菩提!汝勿謂如來作是念:『我當有所說法。』莫作是念,何以故?若人言:如來有所說法,即為謗佛,不能解我所說故。須菩提!說法者,無法可說,是名說法。」爾時,慧命須菩提白佛言:「世尊!頗有眾生,於未來世,聞說是法,生信心不?」佛言:「須菩提!彼非眾生,非不眾生。何以故?須菩提!眾生眾生者,如來說非眾生,是名眾生。」須菩提白佛言:「世尊!佛得阿耨多羅三藐三菩提,為無所得耶?」佛言:「如是,如是。須菩提!我於阿耨多羅三藐三菩提乃至無有少法可得,是名阿耨多羅三藐三菩提。」「復次,須菩提!是法平等,無有高下,是名阿耨多羅三藐三菩提;以無我、無人、無眾生、無壽者,修一切善法,即得阿耨多羅三藐三菩提。須菩提!所言善法者,如來說即非善法,是名善法。須菩提!若三千大千世界中所有諸須彌山王,如是等七寶聚,有人持用布施;若人以此《般若波羅蜜經》,乃至四句偈等,受持讀誦、為他人說,於前福德百分不及一,百千萬億分,乃至算數譬喻所不能及。

「須菩提!於意云何?汝等勿謂如來作是念:『我當度眾生。』須菩提!莫作是念。何以故?實無有眾生如來度者,若有眾生如來度者,如來即有我人眾生壽者。須菩提!如來說:『有我者,即非有我,而凡夫之人以為有我。』須菩提!凡夫者,如來說即非凡夫,是名凡夫。」「須菩提!於意云何?可以三十二相觀如來不?」須菩提言:「如是!如是!以三十二相觀如來。」佛言:「須菩提!若以三十二相觀如來者,轉輪聖王即是如來。」須菩提白佛言:「世尊!如我解佛所說義,不應以三十二相觀如來。」爾時,世尊而說偈言:「若以色見我,以音聲求我,是人行邪道,不能見如來。」

「須菩提!汝若作是念:『如來不以具足相故,得阿耨多羅三藐三菩提。』須菩提!莫作是念:『如來不以具足相故,得阿耨多羅三藐三菩提。』」「須菩提!汝若作是念,發阿耨多羅三藐三菩提心者,說諸法斷滅。莫作是念!何以故?發阿耨多羅三藐三菩提心者,於法不說斷滅相。

「須菩提!若菩薩以滿恒河沙等世界七寶,持用布施;若復有人知一切法無我,得成於忍,此菩薩勝前菩薩所得功德。何以故?須菩提!以諸菩薩不受福德故。」須菩提白佛言:「世尊!云何菩薩不受福德?」「須菩提!菩薩所作福德,不應貪著,是故說不受福德。

「須菩提!若有人言:如來若來若去、若坐若臥,是人不解我所說義。何以故?如來者,無所從來,亦無所去,故名如來。

「須菩提!若善男子、善女人,以三千大千世界碎為微塵,於意云何?是微塵眾寧為多不?」

須菩提言:「甚多,世尊!何以故?若是微塵眾實有者,佛即不說是微塵眾,所以者何?佛說:微塵眾,即非微塵眾,是名微塵眾。世尊!如來所說三千大千世界,則非世界,是名世界。何以故?若世界實有者,即是一合相。如來說:一合相,即非一合相,是名一合相。」「須菩提!一合相者,則是不可說,但凡夫之人貪著其事。「須菩提!若人言:佛說我見、人見、眾生見、壽者見。須菩提!於意云何?是人解我所說義不?」

「不也,世尊!是人不解如來所說義。何以故?世尊說:我見、人見、眾生見、壽者見,即非我見、人見、眾生見、壽者見,是名我見、人見、眾生見、壽者見。」「須菩提!發阿耨多羅三藐三菩提心者,於一切法,應如是知,如是見,如是信解,不生法相。須菩提!所言法相者,如來說即非法相,是名法相。

「須菩提!若有人以滿無量阿僧祇世界七寶持用布施,若有善男子、善女人,發菩提心者,持於此經,乃至四句偈等,受持讀誦,為人演說,其福勝彼。云何為人演說,不取於相,如如不動。何以故?「　一切有為法,如夢幻泡影,如露亦如電,應作如是觀。」

佛說是經已,長老須菩提及諸比丘、比丘尼、優婆塞、優婆夷、一切世間、天、人、阿修羅,聞佛所說,皆大歡喜,信受奉行。

催眠師 的 靈異手記

作者 ：煜晴
出版人 ：Nathan Wong
編輯 ：尼頓
設計 ：叉燒飯

出版 ：筆求人工作室有限公司 Seeker Publication Ltd.
地址 ：觀塘偉業街189號金寶工業大廈2樓A15室
電郵 ：penseekerhk@gmail.com
網址 ：www.seekerpublication.com

發行 ：泛華發行代理有限公司
地址 ：香港新界將軍澳工業邨駿昌街七號星島新聞集團大廈
查詢 ：gccd@singtaonewscorp.com

國際書號 ：978-988-75976-3-6
出版日期 ：2023年3月
定價 ：港幣98元

筆求人
Seeker Publication

PUBLISHED IN HONG KONG